# 改變現實的潛意識法則

用負面情緒改變自我，實現理想生活

梯谷幸司——著
張維芬——譯

「盡了最大努力，卻總是不太順利……」

「如果人生可以更順遂就好了。」

「現在的目標是正確的嗎？」

「不確定自己到底想做什麼。」

是否也有這種「**煩躁感**」？

如果答案是肯定的，那麼**恭喜你**！

**你正在發揮內心沉睡的力量，**

**在破繭而出的路上。**

這種煩躁感是一張必要的單程票。

負面情緒不是你的敵人，而是要對你傳達一個重要訊號：

「現在有些東西產生偏差了！」

假如我們直面它，而非加以掩飾，
負面情緒將成為超級強大的盟友，
告訴你「**應走的道路**」以及「**人生目的**」。

當意識到這一點，我可以保證，**你的人生將**
**朝向正確的方向前進。**

現在，就讓我們從下一頁起，展開一段遇見「真實自己」的旅程！

# 序章
## 讓人生能「心想事成」的最強心法
### ——你有遵守「人生遊戲」規則嗎？

你覺得自己的人生「正順利朝著正確的方向前進」嗎？

或是覺得「自己盡了最大努力，事情卻沒有如預期發展。」或是「不知道這樣下去好嗎？」

作為一名心智教練，我每天都會接觸許多客戶。但是現在有非常多都處於「世事總是事與願違」「自己的人生被看不見的某個人所左右」的狀態中。

或許你在閱讀本書時，也有這種煩躁的心情。

請放心！**本書的宗旨就是幫各位打破這種錯誤的想法，解決煩惱**。

感謝你拿起這本書。

我是心智教練梯谷幸司。在十多年的職業生涯中，我幫助了七萬多人改變了他們的人生。

我的諮詢內容非常多元，從婚姻關係到親子關係、育兒煩惱、事業和金錢煩惱，以及容易受人妒忌或是容易惹上麻煩等人際問題，還有疾病……等等。

就是「有關人生的一切」。

在解決了許多客戶的煩惱後，我確定了一件事。

**上述提到的各種煩惱看起來似乎毫不相干，但根本的原因其實都相同。**

## 解決「所有煩惱」的基本方法

我是一名心智教練，每當客戶向我諮詢，我會嘗試透過接近他們的內心來解決問題。

具體來說，就是藉由與我合作以及進行討論，讓客戶察覺他們內心實際上並不存在的「信念」，以及錯誤的「自我形象」。

接著，讓他們改變「大腦的運作方式」和「說話方式」。如此一來，客戶認為「人生不順遂」而產生的煩惱就會自然消失。

沒錯，開頭時所提到「世事總是事與願違」的想法，就是一個錯誤的信念。**事實上，大家都過著「心想事成」的人生**。這就是這個世界的真相。

那麼，為什麼許多人仍抱持著錯誤的信念，認為「世事總是事與願違」呢？

原因就是，他們**「並非以真實的自我生活」**，說穿了就是如此而已。

我們將在第二章詳細討論「並非以真實的自我生活」，在此先簡單做個介紹。

我們每個人都帶著自己的「人生目的」來到這個世上。

並且，在從事與自己「人生目的」有關的活動時，會感受到莫大的幸福。

美國心理學家馬斯洛提出的「需求層次理論」十分著名。最高層次的「自我實現需求」即是「以真實自我生活」的狀態。

然而實際上，目前很少有人能夠實現以真實自我生活。大多數人都陷在不存在的「信念」和錯誤的「自我形象」中，無法活出真實的自我。因此，總是不自覺地感到「偏離軌道」。因為忽視了這種偏離軌道的感覺，導致人生在事業、金錢、人際關係、愛情、婚姻生活以及自我實現上出現各種煩惱。

為什麼會出現偏離軌道的感覺？因為人類是社會性動物。我們不僅與他人生活在一起，過著群居的社會生活，在某種程度上，也必須遵守社會規範和常識，因此創造出一個社會性自我。

然而，在許多情況下，這個社會性自我和真實自我是相互矛盾的。

舉例來說，某個人有非常想要表達和想要做的事，但是卻被困在一個符合父母和公眾標準的虛假夢境中，像是進到分數排名前段的學校、進到大企業工作就高枕無憂了。這難道不是常聽到的事情嗎？

「活出真實自我」這句話說來容易，但有時很難真正走自己想走的路。

因此，儘管原本有可能度過心想事成的人生，但自己卻未察覺，或是根本忘記了這件事。

然後，脫離「真實自我」，親手創造出難以生存、事與願違的人生……現今社會中，這類人非常多。

察覺到你為了「社會性自我」而創造的虛假自我，並擺脫它，然後開始表現「真實自我」。

如此一來，**人際關係和事業將開始好轉，並真正感受到「生活的樂趣」**。

## 大災難將能成為「千載難逢的機會」

要小聰明就能過得如魚得水的時代已經結束。大家不覺得最近發生了太多「意想不到」的事情嗎？東日本大地震、相繼發生的地震和暴雨災害、氣候變遷，還有新冠肺炎疫情……尤其是新冠肺炎疫情爆發時，思維模式（Paradigm，在某個時期看待和理解事物的主要方式）的變化相當顯著，不是嗎？

各位肯定已經目睹，世界一直堅信的常識和理所當然的事情在瞬間被刷新。很顯然地，目前的時代背景正在迅速變化，我們也須要刷新自己以適應時代的變遷。

如果時代背景改變，過去行之有效的常識和概念，就只是添亂的資訊。

是的，**現在沒有人有正確答案，也無法告訴你正確答案**。所以，「想要恢復（新冠肺炎疫情爆發）之前的日常生活。」

「討厭改變，想恢復原樣。」

有這種想法的人會愈來愈衰弱無力，並逐漸被周遭忽略。相反地，**「接受變化，創造新時代和新自我」**的人，即使暫時經歷深淵，也會迎難而上。不如說會V字型反轉，在陷入深淵後一躍而起，谷底翻身。

## 在不可預知的未來時代「需要的力量」

生活並非僅是模仿和複製別人已經取得的成就，而是要用自己的腦袋思考，選擇和決定如何行動以及該相信什麼。

簡而言之，我想告訴各位：「現在，讓我們與人生共舞吧！」

不是跳著陳舊的舞步，而是與突發事件共舞。

換句話說，當對方（現實）改變動作，我們就像沒事一樣，改變動作來配合對方繼續跳舞。

要生活在不知道會發生什麼事、無法預知的未來時代，絕對須要掌握這份感覺。

那些逐漸實現自己願望的人，和那些生活順遂的人早已經掌握了這份感覺。

難道你不想改變自己嗎？難道你不想試著改變現實狀態和人生嗎？

做出改變的最佳時機，正是被稱為「新冠肺炎時代」「後疫情時代」的「現在」。

當一個新時代展開，各位要帶著「自己能心想事成、大展身手」的感覺，還是抱著「不安、看不到未來」的感覺向前衝？各位會選擇哪種生活方式？

我可以保證兩者在一年、三年、五年以及十年後的發展將截然不同。

獲得的收入、豐富的人際關係、生活的樂趣以及幸福和快樂的總和，在所有事物上應該都會有極大的差異！

現在，在這個非常重要的時刻，面對世界，各位將以何種方式表現自我，實現自我？並且如何為接下來的新時代創造腦中的程式？

本書將為各位提供各種想法和方式。

我誠摯地希望這本書能幫助你下定決心，以全新的自己生活在全新的時代。

梯谷幸司

# 改變現實的潛意識法則

## 用負面情緒改變自我，實現理想生活

# CONTENTS

# 目 次

序章



CHAPTER 1

瞬間改變「眼前現實」的潛意識對話

是被命運掌控，還是掌控命運？

CHAPTER 2

## 如何找到自己與生俱來的「人生目的」

### 人類在「未來記憶」中生活

CHAPTER

# 3

## 為何愈負面，人生就愈順遂？

「真實的自我」試圖教你什麼？

CHAPTER

# 4

# 那個期望是「自我基準」？還是「他人基準」？

「想要或不想要」取決於「做得到還是做不到」

CHAPTER 5

# 隨心所欲改變現實狀態需要知道的事情

利用大腦反向運作的基本特性

CHAPTER

6

# 如何解除束縛你的所有限制

讓每一天都自由舒適的祕訣

# CHAPTER 1

# 瞬間改變「眼前現實」的潛意識對話

是被命運掌控，
還是掌控命運？

# 24

# 如何扭轉命運，重生為充滿自信的「全新自我」

作為一名心智教練，有許多人在事業陷入困境、煩惱人際關係、對金錢感到不安、或是健康出現問題時會來找我諮詢。

我在聆聽這些人的問題時，發現他們心中都有以下的信念。

「世事總是事與願違。」

「自己的人生被看不見的某個人所左右。」

而落入這種信念的人，都有一種「明顯的傾向」。

那就是「一開始就厭倦了生活」。

作為一名心智教練，我接觸過七萬多名的客戶。我認為，現在有非常多人把生活視為一種「責任」，而不是一種「喜悅」。

如果沒有明確的人生目的，只活在責任感中，終將身心俱疲。而且還會如開頭所提及，將引發各種生活煩惱。

## 為什麼《活出意義來》這本書現在如此受到關注

當「人生目的」明確，人類的生命力就會被活化並逐漸增強。

讓我來介紹一個著名事件說明該論述。

各位知道奧地利精神疾病學家和哲學家維克多・弗蘭克（Viktor E. Frankl）所撰寫的《活出意義來》（*Man's Search for Meahing*）一書嗎？二次世界大戰期間，德國強行將猶太人押解送至奧斯維辛集中營逐一屠殺。然而，直到戰爭結束，仍有人從艱苦的集中營環境中倖存下來。維克多・弗蘭克本身也是奧斯維辛集中營倖存者之一。他研究了這些倖存者的共同點，並書寫成《活出意義來》一書。

是因為他們比較強壯嗎？當然不是。是因為他們擁有更多財富嗎？這也不是……維克多・弗蘭克在那些倖存者當中注意到一個共同點。

首先，「**那些倖存者自始至終都沒有放棄夢想**」。

舉例來說，倖存者中有位麵包店老闆。他是這麼想的：

「在這場戰爭結束後，我要重新在繁華的街上開一家麵包店，讓剛出爐的麵包香氣飄溢在整個城鎮，讓城裡的人都感到幸福。所以我不應該一直待在這樣的地方。」

還有一位倖存者是鋼琴師。他是這麼想的：

「世上的人們因為戰爭疲憊不堪。我要舉辦鋼琴演奏會到世界各地巡演，撫慰全世界的人們。所以我當然不能一直待在這樣的地方。」

就像這樣，能在集中營中找到夢想，或是「人生目的」的人就活了下來。

相反地，那些對高牆外生活毫無目的，只想著要「活著離開集中營」的人，在中途便筋疲力竭而亡了。

## 帶著「生存欲望」努力求生為什麼行不通？

從這個著名事件中可以得知，是否能在高牆的外側找到人生目的？光是這一點，就能對一個人的現實狀態產生極大的影響。一個有明確目的、自主生活的人，生命力會增強；相反地，如果只生活在責任感和生存欲望中，免疫力和生命力就會減弱。

過去，我曾提供資金，讓一名東京大學研究所的老師進行研究，並得到了如下的報告。

## 人生目的讓生命力增強

「在動物實驗中發現，若是想著『想要活下來』，或者『希望活在安心安全的生活狀態』，大腦就只會保存痛苦的記憶。」

「大腦會逆向運作」這個說法廣為人知。在第五章中我將會更詳盡說明。因為事物存在著相對關係，所以當意識到某件事，大腦會同時意識到正好相反的事情。

想要錢→缺錢，對金錢感到不安

當發生這種情況，焦慮的力量會變得更強，因此大腦會對「真心話」做出反應，並使之成為現實。那麼，當意識到「想要活下來」，會發生什麼事？

想要活下來。希望活在安心安全的生活狀態→痛苦

這個方程式就誕生了。

換句話說，大腦開始了一系列的運作：「『想要活下來』就是要不斷說著『想要活下來』。那麼，就需要關於死亡的記憶。」這就是大腦只想保存痛苦記憶的原理。因為大腦需要對「死

亡」的記憶，以作為「生存」的對比。

我們因為意識到死亡，就會不斷說著「想要活下來」。而且大腦認為：「為了創造對死亡的記憶，就必須先收集現實。」因此會嘗試攻擊自己的身體讓自己生病、在不知不覺中發生事故，或者只專注於自然災害、名人過世等令人震驚的消息……總之，就是開始收集死亡意識等負面記憶。

另外，若是想著：「希望活在安心安全的生活狀態。」大腦的運作方式就會是：「要不斷說著希望活在『安心安全的生活狀態』，那麼，相反地就必須收集『痛苦和危險的記憶』。」因此，為了創造痛苦的記憶和危險的記憶，大腦就會開始積極地收集痛苦和危險的現實。

## 給想擺脫「對未來的焦慮」以及「人生中所有煩躁」的你

此外，一旦因為「想要活下來」而執著於生存這件事，就一定會把「死亡」視為一件壞事。但是，把死亡視為壞事將導致陷入可怕的漩渦。

因為沒有生物能逃脫壽命的減少。雖然不知道會是什麼時候，但沒有一個人例外，我們只要活著，就會逐漸接近最終目標——死亡。

# 30

在此可以試著想像一下。一想到下班後有討厭的事情在等著你，工作時就會變得悶悶不樂。但是，如果想到下班後，無論是約會還是聚餐，有一些非常有趣的事情在等著你，工作時的心情就會變得很好，工作起來也更加輕鬆。甚至可以提高工作效率，儘快完成工作。

生存也是一樣。儘管每個人活著就會逐漸邁向死亡，可是一旦只把死亡當作一件壞事，就會以「有不愉快的事情正在逼近自己」為前提而活。因此，生存本身就變成一件痛苦的事，無法盡情享受活在當下。

如此一來，因為無法百分百發揮自己的力量，就會導致「盡了最大努力，卻總覺得不太順利」「世事總是事與願違」，並感到心煩意亂與疲憊。

當你以「活下來」本身作為目的，它就會是一個預料之外的陷阱。

當然，生命確實非常重要。

但是，如果想讓人生變得心想事成，希望發揮自己百分百的潛力生活，就要知道生命只是為了實現我們「人生目的」的工具。

你是因為什麼目的而活？

你會用生命去做什麼？

**你心中那扇緊閉的門裡，充滿了無限的可能性。**

為了解除潛意識的限制，澈底發揮這個被隱藏的潛力，進而讓人生變得心想事成，「你將利用自己的人生做什麼？」——希望你能確定你的「人生目的」。

在這本書中，我將告訴各位確定人生目的的方法。

# 32

# 增強人生控制力的祕訣

抱歉，雖然知道很突然，但我想問大家一個問題。

**「在新冠肺炎疫情爆發期間，你覺得『最快樂的事情』是什麼？」**

或許大家會感到困惑，認為最好不要有災難或瘟疫吧？確實是如此。如果可以，我也希望在自己有生之年中，不要遇到這種大瘟疫。

但是我敢斷言，事情本來就沒有所謂的正面或負面。套用東方哲學自古以來的說法，事實就只是「發生了」而已。

大家知道陰陽太極圖（由黑白兩色勾玉交錯行成的圖）嗎？

陰陽太極圖是東方思想的思維方式，代表了天地萬物的平衡。在圓圈（相對極）中，陽（白色）和陰（黑色）交錯在一起。仔細看會發現，在陽之中有小部分的陰，陰之中也有小部分的陽。

陰和陽絕對是成套出現的，沒有完全的陰，也沒有完全的陽。即使相互顛倒，陰和陽仍會持續保持平衡。

～陰陽太極圖～
**陰陽總是存在於一個集合中**

事實上，這個陰陽太極圖並非固定不變，它總是不斷在轉動。極陰則轉陽，極陽則轉陰。如此一來，天地萬物就會持續運作以保持平衡。

無論人或事物，一旦失去陰陽平衡、偏向任何一邊，就無法順利發展。

讓我再次以新冠肺炎疫情爆發為例。你是否認定這場瘟疫是陰，是絕對的壞事，是一個負面事件，因此停止思考？

當然，你會這樣認為是很自然的。但若只是這麼想，你可能就無法看到人生中最重要的事。

## 在現實中發現「最快樂的事情」是什麼？

如各位所知，自二〇二〇年以來，受到新冠肺炎疫情的影響，餐飲業的經營者一直處在困境之中。

因為被要求盡量待在家中和縮短工時，收入銳減甚至沒有收入。但與此同時，仍須持續支付租金及員工薪資等基本開銷。而且，這樣的狀況不知道會持續到何時……許多人陷入了完全不見未來的狀態。

我的客戶中也有許多餐飲業的經營者。某天，我收到了一封來自一位經營者的來信。他曾參加過幾次研習，與我相當熟識。

「梯谷先生，請幫幫我。店裡根本無法達到足夠的營業額。因為連帶保證人中包含我的家人，所以我甚至無法聲請個人破產。最近我開始認為自己別無選擇，只能用死亡保險金來清算債務。我現在正在寫遺書。」

我認為放著這個人不管絕非上策，所以設法安排了行程。我回信道：「讓我們聊個三十分鐘。」然後立刻就去見他。

於是，我把前面的問題丟給了這個人。

「在這次的新冠肺炎疫情中，你發現最快樂的事情是什麼？」

## 「苦難不再是苦難」

當然，面對這個問題，起初每個人都是一副困惑的模樣。但是根據我的經驗，能夠回答這個問題的人，往往將自此開始V字型反轉。正是所謂的置之死地而後生。

有句諺語說：「火場現神力。」事實上，下定決心的人將變得非常強大。創造力和行動力都將大幅躍升，「我覺得我可以這樣做，我認為也可以那樣做。」新穎又有趣的想法開始不斷湧出。

因此，**這樣的人勢必會更上一層樓**。

相反地，如果沒有被逼入這種絕境，就無法領悟出決定性的想法。

換句話說，要在新時代生存下去，這個人就須要擺脫陳舊的自我，做出改變。為此，就有必要被逼入痛苦到死過一回的精神狀態。這可以說就是重生的「考驗」。這個人的潛意識為了賜予他考驗，利用了新冠肺炎疫情，不是嗎？

我很快就發現了這個「機制」，因此才問他：「在這次的新冠肺炎疫情中，你發現最快樂的事情是什麼？」

當然，各位不須要立刻回答這個問題。這個問題沒有一個既定的正確答案。

相反地，**重點在於自己找出答案**。例如：「那麼說來，我可能會感謝那樣的事情」「這樣的事情或許是一種喜悅」「因為這樣的事情，我才能以良好的方式改變情勢」。

## 從發生的現實中學習，而非從「過去的知識」中汲取教訓

一般來說，當想要解決某件事，我們會試圖依靠過去的知識。

舉例來說，想學習新知識時，「會到學校學習」或「找父母討論」；生病則是「會到醫院看醫生」。

但是，我認為在未來的時代，**重要的是要從眼前發生的現實汲取教訓**。看著眼前發生的現實，想著：「我為何需要它？」並重新思考自己「未來的目的」（我們將在第二章中詳細討論未來的目的）。

在未來的時代中，「提問」是不可或缺的，因為**這是一種非常有效獲得「自己獨特觀點」的方法**。

在未來的時代中，僅具備所謂世俗認同的正常觀點已經行不通了。這樣的人只會逐漸被周遭忽略、愈來愈衰弱無力。

隨著時代的洪流不斷加速，擁有獨特觀點、不同凡響的人將受到周遭的追捧，變得活躍。

## 災難要告訴你什麼？

有些事我希望各位可以試看看。

請試想一下從過往到現在，你所經歷過的事件，包含工作問題、人際關係的挫折、生病和受傷，對你的人生而言，「須要你去注意什麼事情？」「對你來說，代表著什麼？」

每個人的人生中，只會發生必須發生的事，只會遇見必須遇見的人。

乍看之下似乎遭遇了極為不幸和負面的事件，但回過頭來會發現，這些事件對自己具有相當重要的意義。你應該也有過這樣的經驗。

我希望你了解；「自己正是因為有必須學習的事情，才會有這樣的經驗。」然後去探索、察覺並學習其背後的涵義。

如上一節所述，有陰相對就必然有陽，這意味著事物總有正負兩面。要把焦點擺在哪一面是你的自由，但是，專注於事物的正面，肯定會讓人生更容易心想事成。

前面我所提到的問題，是讓你專注於事物的正面，並練習在現實中找到感謝和喜悅的最佳作業。

或許就算這麼問自己也不會立刻得到答案，這樣也沒關係。

一旦問了這個問題，大腦就會不斷尋找答案，連帶著其他沉睡的記憶也將被逐一喚起，而且這些記憶將會一個接一個地連接在一起。

換句話說，大腦將開始調整各種記憶，而這就是**改變現實的誘因**。

# 店長透過重新詮釋改變命運的故事

二〇一一年東日本大地震時，東京實施了計畫性停電，整個社會陷入癱瘓，超市和便利商店的食材一下子就被搶購一空。

我的一位客戶是在東京經營中餐館的店長。在四月中旬情況較安定時，我拜訪了他的店鋪。我心裡一邊想著所有餐館的營業額都衰退了，他的店鋪應該也不例外，並詢問他：

「這次地震對你有什麼影響嗎？」

結果，我聽到了一個有趣的故事。

該店的工作人員大多是中國人，所以幾乎全都回到了自己的國家。然而，一名店裡最年輕、至今一直被視為底層的員工卻留了下來，並且說出了令人驚訝的話。

「正因為是這種時候，讓我們用熱騰騰的食物為當地人加油吧！現在，先別考慮利潤，就靠僅存的我們努力經營店鋪吧！」

店長雖然很驚訝，但立刻就被說服了。

「沒錯，這個世界已經很不安了。在這種情況下，就讓我們不計利潤，僅靠現在還留在店裡的員工和現有的食材來努力吧！」

接著，聽說停電期間他們就在店裡點起了蠟燭，好像什麼事都沒發生一樣，重新開始營業。因為店裡的工作人員每日都照常營業，所以來到這家店的客人一定會感到非常安心。

聽到這個故事，我非常感動。我立刻拜託會計人員：「想知道地震後一個月的銷售情況，請讓我看一下銷售報告。」

**結果和我想的一樣，這家店鋪的銷售額已超越前一年度。**

## 人生會因賦予意義的方式而改變

我在看銷售報告時，旁邊的店長開始說道：

「梯谷先生，請你聽我說。地震讓這間店鋪發生了一些我無法想像的變化。

首先，那些平常看起來很厲害的管理人員卻會在關鍵時刻逃跑，全都不在了。結果，一名隱沒在管理人員身影中、毫不起眼的員工竟脫穎而出。他說服其他員工：『正因為現在是艱難的時刻，我們更要照常營業！』現在，他已經是管理人員了。

換句話說，我開始認為，多虧了地震，才能讓我們店鋪只留下真正有幹勁的人。」

也就是說，這個人對發生的事件重新做了詮釋：「這次的經歷對自己來說並非只是一件糟糕的事。事實上，**它的發生是為了讓自己注意到某些事情**。」而客人也真的回到了這樣的人身邊。

從那之後，人們因為大雪和颱風，多次消失在東京的街道。特別是有一年，颱風和暴雨狂襲，許多個週末，街上完全空無一人。但每回我拜訪那家店鋪，總是高朋滿座。街上明明沒有人，客人們卻不知道從哪裡聚集了過來。

## 這個「問題」是改變現實狀態的開端

心理學和NLP（神經語言程式學）中的「錨定」一詞，說明了客人們聚集而來的原因。當船停泊，我們會將錨放下，以避免船舶被潮水沖走，我們將這種情況稱之為「錨定」。「錨定」一詞就是以這種情況來比喻，在某個地方或某個情境放下心錨的狀態。換句話說，就是一個人的心在特定條件下被錨定了。

在地震時，這家中餐館像什麼事都沒發生一樣繼續營業。因此，許多人來到這家店是為了尋求一份安全感。

在顧客心中，這間店是一個可以讓人安心的地方。因此，無論是下大雪或是刮颱風，當人們變得焦慮不安，就會開始聚集在此處以尋求安全感。

造成這種情況的原因之一，就是這間店的店長並非只將地震的經驗視為一種糟糕的經歷。如果在緊急情況下，這名店長不斷問自己：「為何我須要經歷這種事情？」這間店的情勢將顯著地改變。

他賦予自己「經歷這個事件是為了讓自己注意到某些事」的正面意義。因此，才出現了下一步發展和解決對策，不是嗎？

發生的事情一直都是中性的，只是自己賦予了它「好」或「壞」的定義。

一旦這麼想，眼前的現實將會發生顯著的變化。接著，你也會確實感覺到，**自己所賦予的意義將對往後的整個人生，產生巨大的影響**。

不僅這位店長，有許多案例都是自己「代換」了事情發生的意義，進而讓周遭狀況獲得顯著的改善，讓事情開始順利發展。這確實是在改寫「後設潛意識」（我的專業領域）後，會發生的一種有趣現象。

# 人類意識分為「顯意識」「潛意識」及「後設潛意識」

上一節出現的**「後設潛意識」**一詞是由我所命名。

在我的拙著《無意識的力量：日本NO・1高效心智訓練，從潛意識、動機到行動，仿效一流菁英的14種致勝思維，實踐目標最有效的實用心理學》（大牌出版）中有詳盡的說明，此處將稍作介紹。

你或許知道人類意識中有「顯意識」及「潛意識」兩種層次。當一個人醒著，表層的「顯意識」會讓腦中存在許多想法。

而「潛意識」則存在於更深層的位置，自己意識不到，位於內心深處，在睡眠或沉浸在某件事情中時才會啟動。

「顯意識」及「潛意識」常被比喻為冰山。露出海面上的「顯意識」僅占總體意識的百分之三～五。相較之下，我們一般無法辨識的潛意識實際上則占了百分之九十五～九十七。

因此，**潛意識才會真正影響我們的人生**。

潛意識掌握了我們言行、思想和情感的關鍵。

## 潛意識更深處的意識——「後設潛意識」

但是，我一直有一個疑問。我理解「顯意識」及「潛意識」間的關係。

那麼，是什麼讓潛意識創造了我們特有的言行、思想和情感模式？為了解開這個謎題，我充分地學習了語言學和禪學。

然後，在和許多人進行諮商的期間，我注意到了潛意識更深處的意識。

那就是我所提倡的**「後設潛意識」**。另一種說法則是裝入潛意識的容器。後設潛意識就像一個包含我們所有意識的「背景」，是一個對本人來說過於理所當然，以至於不會注意到的意識領域。

後設潛意識不僅包含一個人出生後的記憶，還包含胎兒時期的記憶，而且當中或許也**存在**

未來的記憶。

大家是否曾有過「總覺得……比較好」的感覺。最後比起透過顯意識的想法來思考，採用「總覺得……比較好」的結果會更好。這種感覺正是源自內心後設潛意識中所保存的未來及過去記憶。

## 即使裝入的內容物相同，只要容器不同……

後設潛意識是裝入現實的容器，是以一個人語言、行為和意識為依據的潛意識。將藍色蘇打水裝入透明普通的玻璃杯中，蘇打水看起來就像是一團藍色物質。但是，如果換成鴨子形狀的玻璃杯呢？把藍色的蘇打水裝入玻璃杯中時會發現：「是小鴨，真可愛！」周遭的反應應該會和之前截然不同。

如果把水放進「江戶切子」或「薩摩切子」*等精心製作的玻璃杯中，應該會得到「真漂亮！」「真華麗！」等等另一種完全不同的反應。

---

*註：切子是指在玻璃器皿表面上使用砥石和金盤、切割磨刻各種花紋圖案的手工技法。薩摩切子及江戶切子都是日本的代表性玻璃工藝「切子」。

**即使裝入的內容物相同，**
**只要容器不同，看起來就會不一樣。**

容器種類不同，引起的反應也不盡相同。
換句話說，現實會因容器而改變。

# CHAPTER 2

# 如何找到自己與生俱來的「人生目的」

人類在「未來記憶」中生活

# 50

# 如果終究要站在「舞台」上，希望展現讓人由衷信服的「演技」

人生就像舞台。為了合演一齣戲演員們齊聚一堂，傳遞劇本，並分配好各自角色。每位演員透過閱讀劇本理解自己的角色，經過多次練習才能登上舞台初試啼聲。在想像故事的同時，客觀地傳達角色資訊並迎接最後一幕。

以這種方式完成表演後，將再次登上另一個舞台，並扮演全新的角色。

前一次是嚴肅的戲劇，角色性格就相對嚴肅；這次是喜劇，所以角色性格也偏向搞笑。再次練習、再次表演，向觀眾傳達訊息後，再次迎接最後一幕。

然後再次登上一個新的舞台。這次如果扮演反派，就學習反派的台詞，表演、傳達訊息、迎接最後一幕……如此不斷重複。

事實上，**我們的生死也與這個舞台相同**。

你是**站在舞台上演戲的演員**。

潛意識和真正的自己為我們準備了角色、台詞和故事。並且，在為你的人生做好準備之後，從高處觀賞你的表演：「來表演吧！讓我從觀眾席看著你。」

舉例來說，演員中包含了父母、兄弟姊妹、朋友和同事。然後是推動故事發展的工作、經驗、事件、環境……戲劇中所需的一切都準備就緒。

然而，許多人卻無法在舞台上展現出生動活潑的表演。

這也難怪。因為一般來說，突然就站上舞台並告知：「現在開始表演吧！」也演不出來。因為對自己的角色、台詞、戲劇的整體樣貌和故事都一無所知吧！

因此許多時候，當大家還在困惑「不知道自己該做些什麼」，演出就接近尾聲，戲劇也閉幕了。

換句話說，這代表著許多人是在躊躇不前、「不知道自己的『人生目的』時，人生就結束了。」

## 當人們活出「自己的角色」，會感到最大的幸福

我們人類無一例外地生來就有人生目的。換句話說，每個人這輩子都被設定好了有要完成

的事情。

它可能是「為世界做出貢獻」，也可能是「給予愛和治癒他人」，有些人或許還能「創造出全新的價值」。每個人的角色確實各不相同，因此無法比較。

這就是先前戲劇中列舉的「角色」。

並且，當人們活在自己所設定的角色性格中，將會感受到極致的滿足和幸福。

這就是我所謂的「活出真實自我」。

**當一個人活出真實自我，將會感受到極致的滿足和幸福。**

生活變成是一種「義務」，或是活在「別人的標準」中，說到底，就是因為「不知道自己想做什麼」。因為不知道自己的角色，於是只能別無選擇地失去平衡、過著不穩定的生活。

## 這就是「解決人生中的難題」

那麼，該怎麼做才能知道自己的角色和人生目的呢？

雖然程序太過繁瑣而令人感到焦躁，但可以靠觀察舞台布景、周遭的角色配置、故事發展的動向來自我推測。

## 有什麼線索可以找出
## 被賦予的「角色性格」？

然而，最初每個人的人生劇場都沒有什麼資訊，因此，應該很難掌控整體的樣貌。

「可以繼續這樣下去嗎？」

「這齣戲正朝著大團圓的方向前進嗎？」

即使如此不安也無濟於事。

但是，**隨著故事的進行，可以從舞台的設置和對話進行推測，或許將會逐漸察覺到：「我可能扮演著這樣的角色。」**

我將這個過程形容為「解決人生中的難題」。

第三章中我們將更詳盡地討論。但這個過程中的主要線索是「負面的自己」「負面的情緒」和「負面的事件」。

如此一來，人類便會在想起人生舞台的整個故事和設定中生活。換句話說，就是活在聯想到「未來的記憶」中，藉此扮演「自己的角色」。

## 人類會下意識地活在體驗「未來的感受」中

上一節中談到未來的記憶。我想，未來的記憶對各位來說是一個陌生的概念，以下會更詳盡地解釋。假設你現在在辦公室工作。然後，思考一下如下的情況。

❶工作結束後，要去做很討厭的事情。
❷工作結束後，要參加最喜歡的音樂家音樂會。

此處要問你幾個問題。

Q1 在哪一種情況下，工作的情緒和動機會更好？
Q2 在哪一種情況下，工作的效率和進展狀況會更好？

如果工作結束後，要去做很討厭的事情，隨著下班時間愈來愈近，情緒就會愈來愈低落吧！

相反地，一旦想到下班後有非常喜歡、令人興奮的事情在等著你，光是如此就覺得很有趣，也會讓工作進展得更順利。

這種感覺就是「活在聯想到未來的記憶中」。

## 「吃優格的時候」可以從大腦的運作中得知什麼

在腦科學中，有一個實驗結果可以證實這一點。實驗中將一杯優格放在測試者眼前，並調查測試者從打開蓋子開始食用，一直到食用完畢為止，大腦感到最興奮的時刻。

起初我認為大腦在吃下優格並品嘗味道時會感到最快樂。但令人驚訝的是，結果完全不同。**大腦最快樂的時刻正是在打開蓋子的那一刻**。想像著「是這種味道吧？」並一邊打開蓋子時，人們就已經開始樂在其中了。

**換句話說，人類正活在體驗未來將要發生的感受中。**

這種感覺就是「活在聯想到未來中」。現在，我們正在體驗未來。

## 「大腦最快樂的時刻」是什麼時候？

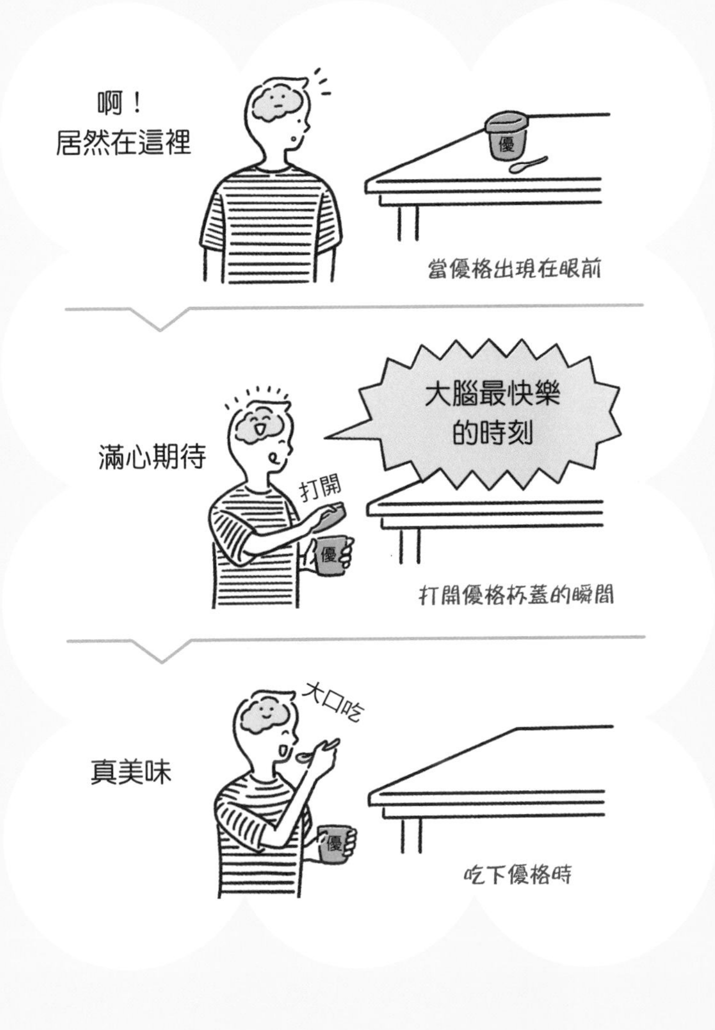

旅行也是如此。制定計畫、調查目的地、進行預約……規劃未來時，難道不是最有趣的嗎？

相反地，如果未來不明確，現在就會感到不安。因為覺得有趣的事在未來等著自己，所以現在才感覺到喜悅。反之，如果認為未來有討厭的事情在等著自己，現在就會感到焦慮和沮喪。

## 如何設定自己的未來？

人們就像這樣，在想起未來的記憶與感覺中生活，這個事實是關係到整個人生的。

「我的人生沒有明確的未來」「我的願望永遠不會實現」。

一旦像這樣，在聯想到黑暗的未來中生活，黑暗的現實就會來臨。

相反地，「我的人生有光明的未來！」「就像打開水龍頭，理所當然水就會跑出來一樣，我的願望會逐一實現」。

在聯想到光明的未來中生活，光明的現實就會來臨。

換句話說，**關鍵在於怎麼設定未來的記憶**。如何設定未來的記憶和感覺？就像認為「打開水龍頭，理所當然水就會跑出來」的感覺般，**如何萌生出「未來理所當然會心想事成」的感覺**？

我認識許多所謂的成功人士和百萬富翁等事業順利的人，他們都非常擅於培養這種感覺。

你對未來有什麼期望？如果你現在對人生感到不安，覺得煩躁、憂鬱……有這些情緒時，「就是你設定的未來偏離正軌了」。說穿了，事情就是這麼簡單。

# 60

# 癌症末期男性患者聯想到「無法遏止疾病的記憶」

在我的拙著《活出真正的自己，就不再生病》（方智）中有詳細介紹。現在，我正在研究如何「用言語來遏止疾病」。每天，都會有人帶著各種健康問題來找我諮詢。

某次經由轉介，一位生命只剩一周的癌症末期患者想向我諮詢。

雖然我不知道能為生命只剩一周的他做些什麼，但是，由於他本人表示很想見我一面，因此就答應了。他是一位知名的企業家，在商業界十分活躍。

我一邊聽他說話，同時問了他一些問題。

「你決定何時戰勝癌症並找回健康了嗎？」

「還沒。」

「假設一年後你戰勝了癌症，你認為恢復健康的自己會是什麼樣子？」

「我無法想像。」

「為什麼無法想像？」

「……因為我不認為我會痊癒……。」

## 重要的是「本人的自我形象」

換句話說，這個人並不相信自己會痊癒。**一邊接受治療，但同時覺得「自己的病無法治癒」**。這一看就能知道其中的矛盾，因為身體無法為了遏止疾病而運作。

這個人在工作方面總是有有計畫性及行動力，但在健康方面卻是如此意志消沉，這種差距令人非常驚訝。

**如果沒有「自己想這麼做」的明確想像，也就不會有「自己要這樣做」的意志。**雖然很嚴厲，但我對他說了：「以這種心態根本無法治癒疾病」。

然而，接受我的諮詢是否是一件好事？第一次見面時被告知只剩下一周生命的他，竟逐漸康復了。「他到底做了什麼？」周遭的醫療人員也對此十分驚訝。

但是，我並沒有做任何特別的事情。初次見面時，因為對方體力不堪負荷，我們只談了十五分鐘。當時，我們的話題只圍繞在建立健康的未來形象上。

健康的未來形象是以下列方式建立。首先，創造一個讓自己成為巨人的形象。接著，改變這個形象的「次感元」（submodality），即屬性。舉例來說，一旦將圖像調亮、放大、移動或上色，就可以將平面圖像轉換為動態圖像。

藉由這種方式，調整對於疾病治癒狀態的記憶組成元素。

後來，我接到了醫療人員打來的諮詢電話。

「那個人在醫院胡鬧了起來。我們應該怎麼辦？」

當時的情況大概是他要求：「把管子全都拔掉！」並試圖自行拔除生命維持裝置的各種管線。當然這種行為被護理師制止了。

「這麼做會死的。」

「我已經沒事了，所以不再需要這些管子了。」

我在第二次諮詢時便告訴他：「如果拔除管子，真的會死掉。所以請不要再那樣做了。」

因此，在被工作人員制伏後，他終於同意重新接上管線。總之，在本人的自我形象中，他已經戰勝癌症，並恢復健康了。

## 培養出「時間是從未來流過來」的感覺

我們通常認為時間是從過去流至現在和未來。然而，這是一個錯誤的認知。

**時間是從未來流至現在和過去。**

如果未來的設定含糊不明，那麼現在就會是含糊不明和不確定。前面提到的癌症患者因為無法想像未來「健康的自己」，所以現在便無法戰勝癌症。

但是，一旦開始活在聯想到未來的記憶中，就變得愈來愈精力充沛。

換句話說，**我們的現實狀態取決於對未來的記憶和感覺**。

# 64

# 「如何運用大腦」將考驗轉化為進一步成長的機會

在此我想講述一件重要的事情。

關鍵並不在於創造未來。相反地，只是一種「聯想到未來」的感覺。聯想到未來的記憶，並探索賦予自己的使命和角色。

為此，首先就要澈底調查過去的負面經驗。因為這是最重要的線索。包括過去失敗、挫折和痛苦的經驗；生過的病、受過的傷；放棄了什麼、忍受了什麼、認為自己缺乏怎樣的知識和能力、做了怎樣的努力……等。

從這些點切入，並按年代逐一回溯。

舉例來說，自己還是小學生時，生過這些病、受過這些傷；認為自己沒有能力而拚命努力。成為國中生時又如何呢？

像這樣仔細調查那些帶有負面感覺的事物，並且如同第一章中所介紹，試著問自己：「我

**為何需要有這樣的經歷？」**

只要這樣問過自己一次，大腦就會不斷尋找答案。

請等待過去沉睡的記憶從你的內心自動被挖掘出來，並逐一連結。

## 從過去的負面經驗中尋找「使命」

為什麼這項工作能讓自己聯想到未來的記憶，並讓自己意識到人生真正的目的？事實上，**這是一項機制，用來將你的前提替換為「這些全都是必要的」**。

請想像一下，你拿著《桃太郎》的繪本，給一個根本不了解《桃太郎》這個故事，也不懂日文的外國人看。河裡漂浮著巨大的桃子，一位老奶奶試圖撈起這顆桃子。一翻頁，少年正在和狗、鳥以及猴子交談。然後魔鬼突然出現，少年們開始狂暴撒野。因為某種原因，最後猴子興高彩烈地拉著一輛裝滿寶物的拖車……

如果仔細思考，應該會發現《桃太郎》的故事情節其實相當離奇。雖然那麼說，但因為我們預先知道了《桃太郎》的故事，所以只要看到圖片，就會知道這個故事是《桃太郎》。

而且，因為它是一個故事，你在閱讀的同時，會一邊開始學習「即使是弱者，只要合力也能擊敗強者、只要這樣做就可以得到寶藏」。但是，如果問一個根本不知道《桃太郎》故事的外國人：「這是一個什麼樣的故事？」即使對方看了圖片，應該也完全推斷不出來。當然，也不會了解故事的寓意。

同樣地，在一般人的腦中，記憶只是一個又一個的點，並不是一個故事。這就是為什麼我們無法開始學習。

因此，關鍵在於將自己的經歷編輯成一個故事。

「編輯成故事吧！」「回過頭來察覺吧！」散布在各處的記憶正在強烈地向你陳述。

試著製作成一部戲劇或編輯成一本書，作為察覺這個故事的機制。

如此一來，你的人生在大腦中將開始變成一個故事。當看似支離破碎的過去記憶相互連結，一定會看到共同的主題。

本章開頭說過，人生可以被比喻為一齣戲。這就是這個人試圖透過「戲劇」表達的主題。事實證明，過去、現在和未來的所有經驗「都是為了這個主題」。從這個主題中，你可以看見自己最初的人生目的。

開始察覺到「原來如此，我生來就是為了完成這件事。」「人生要求我完成這項任務。」

## 甚至可以從最壞的情況中推論出最好的結果

當察覺到「人生是否希望我這樣做？」並解開人生中的謎題，解謎本身就會變得愈來愈有趣。

換句話說，無論看似遇到多麼困難的事情或是意外事故，因為可以理解「**出於某種原因，一切都有必要發生！**」就不會將精力耗費在不必要的不安和焦慮上。

當然，事情發生不久後，你可能會感到沮喪，但卻不會讓它持續很長一段時間。

你的人生中將再無困惑，始終被安全感和信任感所包圍。因此，無論何時何地都能專注在現在所能做的事情上，並且總是能夠輕鬆適應各種情況。

當你可以這樣使用大腦，事情就會開始順利進行，人生也將因此變得更加有趣。

# 用「過去的負面經驗」製作戲劇？

這邊，我就來介紹一些聯想到「未來記憶」時的簡單技巧！

調查過去發生的事情，並思考它發生的原因。

**總結這些經驗來製作成一部戲劇。**

製作出戲劇後要如何命名？因為好不容易製作了一部戲劇，當然希望有很多人看到。如果是這樣，就須要想出一個「好像很有趣」「似乎很感人」「應該可以讓人獲得啟發」等，可以引人注意、有吸引力的名稱。

劇情簡介、劇照封面要怎麼做？原本你想透過戲劇向觀眾傳達什麼？

請仔細思考看看。

## 試著從不同角度把「提案拋回給導演」

舉例來說，如果把過去的事件裝入以「世事總是事與願違」為前提的容器裡，那麼過去的事件會是什麼樣子呢？

假設電視台導演發起這樣的提案。

「以你過去的負面事件為素材製作一部戲劇。在這種情況下，請以『世事總是事與願違』作為前提。」

於是，故事就會被寫成「發生了這麼痛苦的事情，世事果然總是事與願違」。

現在，如果你更換容器，把事件裝入「因為世事永遠無法盡如人意，所以才有意思」的容器裡來展現，會發生什麼事情呢？

假設電視台導演說：「取材你過去的負面事件製作出一部戲劇。**請以『因為世事永遠無法盡如人意，所以才有意思』作為前提。**」

當然，你就會開始思考「因為世事永遠無法盡如人意，所以才有意思」的劇本。如此一來，**大腦的運作方式就會改變**。

另外，電視台導演又說：「取材你過去的負面事件製作出一部戲劇。這次，請以該事件有笑點作為前提，試著以喜劇的形式來撰寫。」

也就是，要寫一個負面事件，並讓人覺得好笑。舉例來說，如果想把它變成搞笑小品，經過一番曲折後，以「這真沒用～（什麼鬼！）」收尾。

設定的前提不同、容器不同，裝入其中的資訊就會有不同的外觀。

## 人生的自由取決於思想的自由

如果在「世事總是事與願違」的前提下，總結過去看似負面的東西，就無法有進一步的發展。但是，如果在「因為世事永遠無法盡如人意，所以才有意思」的前提下總結，就會出現新的想法。

如果在「人生是一部喜劇」的前提下總結，大腦就會開始變得有趣。

像這樣，**請試著更靈活地把人生裝入各種容器中，而非執著於單一種容器**。

舉例來說，可以試著把過去的負面事件裝入「人生唯有愛」的容器中，或是裝入「這個世界只發生必要的事情」等容器中。

如果把過去的記憶當作壞人對待，它就會扯你後腿。

但是，如果你把這份記憶視為「雖然看似負面，但對自己來說卻是不可或缺」，它就會反過來支持你。

因此，希望大家先試著改變人生的容器，拿出各種想法。剩下的就是決定要在什麼前提下

## 把過去的經歷製作成
## 哪種戲劇是由自己決定！

進行。

這個人生的容器，就是我在第一章中也提過的「後設潛意識」。

## 「要做～」——始終把焦點擺在「未來的目的」

原本認為是負面事件，但當自己意識到這一切都有其必要性，所有的前提都會改變。

某個痛苦的事件是為了讓自己給予人們力量，或是取悅他人、感動和提醒他人的原料、糧食。對自己來說都有其必要性。

一旦開始這樣理解事物後，大腦就會自動把賦予的意義轉為正面。

即使發生了意想不到的事情，也會堅信**「現在或許很艱難，但經歷這個事件關係到自己的『人生目的』**」。因此，永遠不會被眼前的現實狀態擺佈。

如此一來，**自己就會做出判斷或行動來完成某事，而非做出判斷或行動來避免某事**。可以說，一旦有了這種感覺，這個人就是朝向「人生目的」而活。

同時，當人們朝向這個「人生目的」行動，就能強烈地體驗到最有活力的感覺，並能獲得最堅定的幸福感。

在這個階段，大腦的運作方式將發生重大變化。

## 利用大腦的「獎勵系統思維」

大腦的運作方式因人而異且具有慣性，大致上可分為兩種。一種是痛苦系統思維，另一種則是獎勵系統思維。

痛苦系統思維是一種大腦驅動模式，痛苦系統思維的運作基準是在採取某個行動或做出判斷時，「避免產生不安、恐懼、嫌惡、憤怒等負面情緒」。

舉例來說，像是「因為不想被討厭，所以不想做別人不喜歡的事情；因為不想被同儕排擠，所以盡量接受邀請；因為不想被老闆責罵，所以努力工作」……等。

這種模式的人**經常會使用「應該○○」，或是「必須○○」等語言**。此外，他們更喜歡「常識指出○○」「一般是這樣」等思考方式。

**痛苦系統思維之所以成為問題，是因為身體很容易進入危機迴避模式。**當身體進入危機迴避模式，「用來處理自己痛苦的大腦迴路」，就會開始活躍運作。此時，大腦會分泌皮質醇、睪固酮、去甲腎上腺素等荷爾蒙物質。這些物質具有讓血液集中到肌肉，讓肌肉緊繃、誘發攻擊性與戰鬥性的作用。

結論就是，當人類處於痛苦的境地，身體會立即做出「逃跑或是戰鬥」二選一的反應，試圖保住性命。然而，若持續處於這種過度緊張的狀態，將會身心俱疲。

另一種獎勵系統思維是與「痛苦系統」思維完全相反的模式。

**獎勵系統思維的大腦運作方式，是先渴望「得到某些東西」，接著像是受到這個想法的驅使，採取各種行動並做出各種決策。**

舉例來說，「希望透過表達自己的情感來刺激世界上的人們」，或是「透過自己的工作為許多人做出貢獻」，當你帶著這些想法採取行動，就是一種獎勵系統思維模式。

當獎勵系統思維變得活躍，身體會適度分泌激勵荷爾蒙多巴胺，以及快樂荷爾蒙血清素，讓身心處於自在舒展的狀態。**事實上，當獎勵系統思維變得活躍，就是大腦在尋求快樂時的狀態。**

如果換成獎勵系統思維模式，可以說，即使發生了讓人倍感壓力的事件，也會和過去陷入痛苦系統思維時的情況完全不同。不會對這種情況感到憂喜參半，並且極力反抗，而是想著「有時也可能會發生這種事情吧！」並接受這種情況。

## 從「被動的人生」畢業

因此，無論發生任何事情，最好盡可能以大腦的獎勵系統來應對。這樣不僅對身心健康有益，也會提高效率。

然後，就能重生成一個無論發生什麼事情都不為所動的自己。

此外，一旦掌握獎勵思維模式，對事物的理解方式也將逐漸發生變化。自己所經歷的一切，不僅是「因為需要才發生」，而且是為了「讓自己必須做出選擇，以實現目標」。

面對發生的現實，從被動狀態轉變為自己主動選擇的狀態。當一個人對現實狀態的看法發生巨大的變化，這個人的意識層次也將會變得非常高。

# 一旦提高意識層次，現實狀態就會改變

讓我們來談談上一節提到的意識層次。

在一九六〇年代，美國精神科醫師大衛・霍金斯（David R. Hawkins）博士提出人類意識層次。博士所歸納的「十七個意識能量層級」，至今然仍被許多精神研究家視為指標（《Power vs. Force》（NATURAL SPIRIT））。

大衛・霍金斯博士使用了「肌肉反射測試（Kinesiology test）」，來調查人類在各種意識狀態下所釋放的能量，由此推論出**人類的意識層次有十七個能量層級，而身體所釋放出的能量會因層級而異**。

我們每個人都生活在一個熟悉的意識層次中。

你知道自己目前處於哪一個能量層級的意識層次嗎？

霍金斯博士把上述十七個能量層級大致分為兩大領域：釋放正能量的高頻能量（Power）領域與釋放負能量的低頻能量（Force）領域。

十七個能量層級中最低的是羞愧。「這樣的自己很丟臉」的想法愈強烈，意識能量就愈弱，因此有時會讓人出現自殺的念頭。

次低的層次則是內疚。此層級「全都是我的錯」的自責思維極為強烈，會不斷責怪自己，最終往往容易罹患癌症和結締組織疾病等疑難雜症。

第三低的則是冷淡。如同前兩個層次，雖然對自己沒有負面的看法，但是往往從一開始就打算放棄所有事情。有許多人強烈地認為「自己無論如何都做不到」，並因為無力感和絕望感導致動彈不得。他們大多受困於精神疾病。

接下來還有「悲傷」「恐懼」「慾望」「憤怒」以及「驕傲」等層次。無論何者，都沒有足夠的能量獨立處理事情。

## 「認為一切似乎都會順利」是非常重要的感覺

排行第八的「滿意」層次屬於高頻能量，它不是負面層次，而是一個處於零狀態的意識能級。舉例來說，到了這個層次，犯錯時會較為樂觀地看待：「有時也會發生這樣的事情嘛！」

雖然這些言行似乎微不足道，但卻是一個人復原的徵兆。就我個人的感覺來說，當客戶在

## 情緒、反應和行為因「意識能級」而異

| 領域 | 意識能級 | 能量數值 | 情感 |
|---|---|---|---|
| 1 | 開悟 | 700 ～ 1000 | 妙不可言 |
| 2 | 平靜 | 600 | 極樂 |
| 3 | 喜悅 | 540 | 寧靜 |
| 4 | 愛 | 500 | 崇敬 |
| 5 | 理智 | 400 | 了解 |
| 6 | 寬恕 | 350 | 寬恕 |
| 7 | 主動 | 310 | 樂觀 |
| 8 | 滿意 | 250 | 信任 |
| 9 | 勇氣 | 200 | 肯定 |
| 10 | 驕傲 | 175 | 鄙視 |
| 11 | 憤怒 | 150 | 仇恨 |
| 12 | 慾望 | 125 | 渴求 |
| 13 | 恐懼 | 100 | 焦慮 |
| 14 | 悲傷 | 75 | 懊悔 |
| 15 | 冷淡 | 50 | 絕望 |
| 16 | 內疚 | 30 | 指責 |
| 17 | 羞愧 | 20 | 恥辱、悲慘 |

高頻能量（1～8）

低頻能量（9～17）

正面層次 ▲（1～8）／▼ 負面層次（9～17）

事物可以實現的層次 ▲（1～7）／▼ 事物難以實現的層次（8～17）

研習時的言行出現如此些微的差異，往往就將邁向戰勝疾病或是克服過去的創傷。

進到下一個「主動」層次後，正面能量的比例終於開始占上風。在這個層級，就情感而言，是一種「認為一切似乎都會順利」的感覺。這一點非常重要。

它是一種認為「自己做得到」的感覺，一種向前邁進、一切似乎都會順利的感覺……這種感覺將能創造現實。到目前為止我已經多次聲明，這種感覺將成為「我的願望當然會成真，就像打開水龍頭，理所當然水就會跑出來一樣」的信念基礎。

一旦掌握這個信念的開端，自己就能開始積極地處理事情。因此自然而然地，將能愈來愈順利地實現目標。

之後，意識能級將進一步提升。一旦到了排行第五的「理性」意識層次，你將能在商業和學術界創造偉大的成就。

到了這個層級，能夠無條件地接受自己和他人，並且對於發生的事情也能「照單全收」，因為不會做出任何「好或壞」的判斷。所以無論如何，不會受到偏見或是主觀臆測的影響。

當來到這個層級，身體會釋放出巨大的能量。

一旦進入到排行前四的意識能級，就是普通人難以達到的領域。但我認為，未來只有到達排行第四的意識層次「愛」以上的人才能生存，進入到這個能級，就能自然而然地**「在發生的現實中找到快樂」**。這也是本書的主題。

## 「物以類聚」在科學上也成立

順道一提，人類只與意識能級和自己相當或是低於自己的人往來。

有一句成語是「物以類聚」，事實確實如此。善妒的人周圍就會聚集善妒的人；有服務精神的人周圍就會聚集來有服務精神的人。

如果想知道自己目前的意識能級，只要觀察自己周圍的朋友和同事，就能立刻明白。

提高意識能級代表意識能級和自己相當或是低於自己的人增加了。因此，你將能夠結識更多人。當然，**將更容易獲得商務機會等，經歷的事件層次也將比以往更加提升**。

提高意識能級的方法有很多。我的研習中也會介紹適合當事者自己的訓練方式。和節食相同，若是迅速提高層次，可能會出現反彈現象。因此，我通常會建議逐步提高層次。

只不過，故意讓一直停留在羞愧、內疚、冷淡等較低意識能級的人感到生氣或害怕，可能會讓他立刻前進到寬恕和理智等層次。換言之，就是休克療法。正如我在第一章所提及，新冠肺炎疫情爆發對人類具有休克療法的作用，我認為這是非常有趣的一件事。

## 被問到「你是什麼樣的人？」時，會回首過去還是展望未來？

「你是什麼樣的人？」

如果突然被問到這個問題，你會怎麼回答？舉例來說，假設你回答：「我的性格較為保守。」「我喜歡這樣的事物。」「我對此不擅長。」……我如果聽到這些答案，會認為：「**你的人生陷入困境呢！**」

不擅長的事情、喜歡和討厭的事物還有性格。這些答案的共同點就是把焦點一直擺在過去。換句話說，開頭的自我介紹等於是在說：「我是一個總是望向過去的人。」

第四章中我們將更詳盡地討論。以我的專業領域後設潛意識來說，這種人就屬於「過程型」。這種類型的人總是把意識焦點擺在過去，並希望有人告訴他們正確的生活方式。由於自己無法決定自己的生活方式，所以會遵照別人的做法。這麼做往往會丟失自己的標準，並且總是受困於「這不是我想要做的事情」的想法中。

在工作方面也是如此，被問到：「為什麼選擇這份工作？」時，「事實上我過去曾經」……如果對方開始談論過去，我就會認為：「**你的工作陷入困境呢！**」

因為這個人是以「過程型」的思考方式來看待工作。換句話說，他是順從過去的人、事、物來屈就這份工作，並不是自己選擇並抓住這個機會。於是，在潛意識中就會誕生出「我不是真的想做這份工作」的前提。

## 不能邊看後視鏡邊開車。

另一方面，當後設潛意識變成「可選型」，會發生什麼事呢？

「可選型」的人會回答：「我從事這份工作是為了創造這樣的世界。」「我從事這樣的活動是為了帶給世界這樣的價值。」換句話說，對方**會開始談論起未來**。

對這個人來說，過去並不重要。活在專注於過去中，就像在開車的同時，一邊用後視鏡往後看並猜測前方的路況。這樣非常危險而且只能戰戰兢兢地前進，因此，當然無法加快速度。

上述「過程型」的人就是如此。雖然很嚴厲，但我想說：「採用這種後設潛意識的人，無論是工作、人際關係或是人生都不可能順利」。**要開車或是要獨立生活，就須要抓緊方向盤並**

## 潛意識面向過去的人和
## 面向未來的人

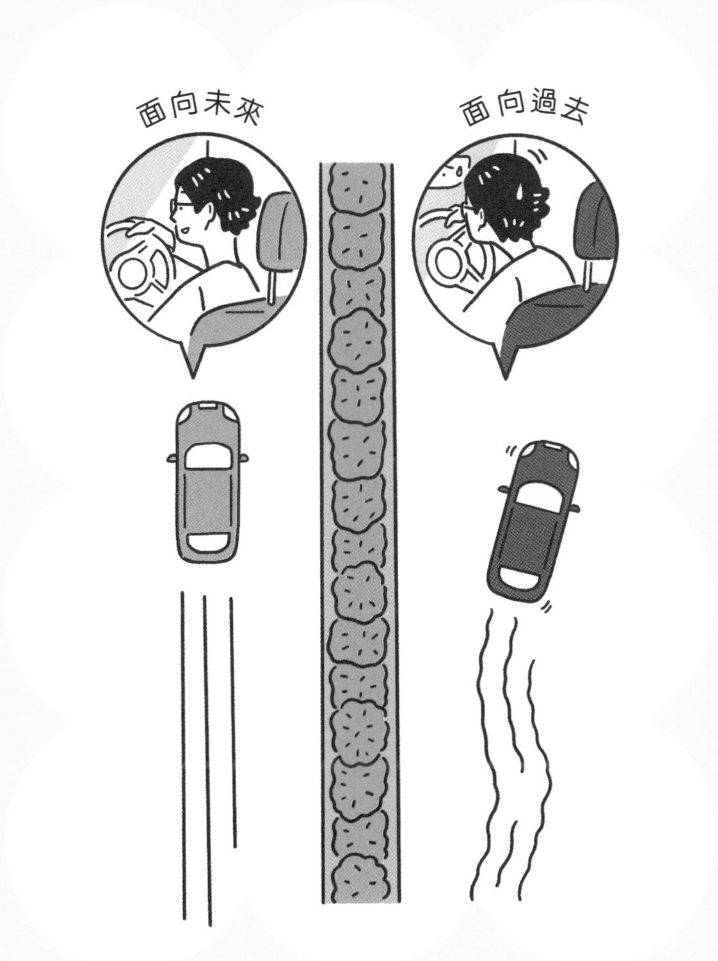

往前看。

被問到「你是什麼樣的人？」時，會讓你想到過去的自己還是未來的自己？一個人潛意識所面對的方向，會對人生產生重大的影響。

順帶一提，由於「過程型」的人意識到的是過去的記憶，所以傾向於把焦點集中在一定要「避免事情發生」。換句話說，因為過去不愉快的記憶，「討厭如此沒用的自己」「不想再經歷這種不愉快的事情了」，他們往往傾向於無論如何一定要避免某些事情再度發生。

此外，他們也強烈傾向於堅持「做正確的事情」。我的客戶中，「過程型」的人也十分熱愛遵循社會規則。他們認為：「因為這是世界的法則」「應該遵守規定」。但是，一旦以這種思維為基礎，做出的行動往往將成為「義務」。我在第一章中也曾提到，當行動成為「義務」，生活本身就變成了「義務」，精神和身體也會疲憊不堪。

另一方面，「可選型」的人是把起始點放在未來，因此不太重視正確與否，反而更專注在靈活應對現實上。而且，總是會根據人生目的和真實的自我形象做出判斷和行動。

面向過去時，無論是事業、健康或人際關係都不會順利。但面向未來時，一切都會更好。這是非常重要的關鍵。

# CHAPTER 3

## 為何愈負面人生就愈順遂？

「真實的自我」試圖教你什麼？

# 從負面情緒中尋找「人生目的」

第一章中我們談到了事物絕對會有陰陽兩面。看似負面的事件也一定有正向的一面。

但是，人們通常不喜歡看見負面情緒。人們會盡可能避免憤怒、不安和恐懼等負面情緒浮現，試圖當作沒這回事，逃避各種事情。人們會喝醉酒和朋友起鬨胡鬧、看一部有趣的電影、吃美食以分散注意力。

然而，這些都只是暫時的慰藉。

我常說：「被掩蓋的情緒永遠都不會死去。」這句話是模仿精神分析學家佛洛伊德的名言而來。佛洛伊德說過：「未被表達的情緒永遠都不會消失，它們只是被掩蓋在內心深處，有朝一日便會以更醜惡的方式爆發出來。」

即使我們努力把負面情緒掩藏在內心深處，它最終也會萌芽，變成一朵花，開始高呼自己的存在：「瞧！我是如此沒用的人！」

## 問題的原因一直是「被掩蓋的自己」！

如果掩蓋住負面情緒，當作「沒這回事」，會發生什麼事情？**被掩蓋的「真實自我」會「砰」的一聲打垮「表面的自我」。**這種手段十分巧妙，無法以顯意識抗衡。而且將針對自己最致命的部分，以各種方法展現，像是生病、發生事故或是引發社會問題……等。

過去曾有個歌唱團體，始終一步一腳印地在地區小型展演空間演出。後來他們在某個時期迅速竄紅，並曾參加全國性的年底大型活動。

但是很快地，光榮的日子結束了。團體中的一名成員出現醜聞，團體好感度急遽下降。這名成員最終被迫離開團體、引退。

雖然只是我的想像，但或許，這個例子的機制就是如此！

這名成員可能對自己並非相當有自信。對本人而言，一直認為「自己毫無價值」。團體在突然間迅速爆紅，人氣和知名度享譽全國。換句話說，與本人的看法剛好相反，自己突然變成了一個有價值的人。印記在本人潛意識中「自己毫無是處」的信念，再也無法忍受這種矛盾。

當醜聞被揭露，引起了公眾的關注和抨擊。

「『毫無是處的自己』不應該成為一個有價值的人！」這個人的「內在自我」砰的一聲打垮了「表面的自我」。

**有必要為了什麼而做到引起騷動的程度來毀滅自己嗎？**

這也許是「真實自我」在透過潛意識告訴他：

「自己毫無價值。因此想成為『當紅樂團』的目的是錯誤的，請修正！」**一旦試圖把被掩蓋的情緒視為無物，總有一天它，將會扯自己的後腿**。

## 請教自己「該走哪條路」

究竟為何需要這種煩人的負面情緒呢？要知道這點，首先就須要意識到「未來的目的」。

舉例來說，假設你心中有著憤怒的情緒。若意識到這件事，在被憤怒左右之前，先問自己：

**「我為何需要這種憤怒的情緒？」**

即使無法立刻知道答案，只要問了這個問題，大腦就會開始尋找答案，漸漸地會開始意識到：「自己希望帶著這種想法行動，所以想要告訴其他人，但因為被否定而產生憤怒的情緒，至今仍讓人心懷芥蒂」。然後，對這個出於內心的答案，提出更多的問題：「自己為什麼要如

**不要掩埋負面情緒，當作「沒這回事」。**

此堅持？是因為什麼目的而堅持？」

「因為我想成為這樣的自己、因為我想創造這樣的世界。」

透過這種方式，將能更深入的了解自己。

「是因為什麼目的想要創造這樣的世界？是因為什麼目的想要成為這樣的自己？」

「因為我想這樣生活。」

## 負面情緒是深入自己內心的絕佳「入口」。

當你從該入口進入自己內心並詢問自己，你會發覺過去所有的衝突和經歷，全都和「人生目的」有關。

因為忽視負面情緒，以至於不知道自己的「人生目的」。但是，只要繼續問自己這種憤怒是出於什麼目的？究竟是因為什麼目的？只要逐漸深入到自己的內心深處，就一定會遇到「因為我想成為這樣的我、因為這就是我此回的人生目的」這樣的「人生目的」。

人們或多或少會把不想面對的情緒掩埋在內心深處。

事實上，當我與客戶進行個人諮商，幾乎每個人都一定會出現各種憤怒和偏執。

「我無法原諒父母」「我無法原諒上司」，或是「我無法原諒曾經欺負自己的人」。無論出現多麼醜陋的情緒都沒關係。

這邊重要的並不是「無法原諒」的感覺，而是隱藏在自己內心的目的，「自己為何無法原諒那個人？」

# 一位女演員的「演員魂」帶給我的省思

數年前，有一位女演員死於膽管癌。據說在她生前，如果有年輕演員在拍攝現場喊苦，她會罵說：「如果因為這點小事感到氣餒，你真的不適合這個圈子。趕快回到鄉下去吧！」該名女演員以美貌和堅毅的性格聞名。據周刊報導，她經常掛在嘴邊的一句話是：「我必須二十四小時都當個演員。」

事實上她並不堅強，而是無法接受軟弱的自己。我是這麼認為的。

一看到喊苦的年輕演員就情緒激昂，也許是因為不能讓自己透過這樣的形象，想起軟弱的自己。而在「我必須二十四小時都當個演員。」這句話背後，我看見的是一個「我必須永遠端莊堅強」，總是繃緊神經的形象。

## 如果無視非常重要的「部分自己」

這些與真實自我分離的部分，就像被父母忽視和視為無物的孩子。

被忽視是極為痛苦的一件事。

一旦無視「軟弱的自我」和「情緒性的自我」等部分自己，那麼，那些被無視的真實自我，就會開始偏離正軌，藉此引起你的注意。

「忽略我可不是好事喔！如果忽略我，我們就走著瞧！」

然後，它會透過各種方法開始失控。像是嘗試自我毀滅，如先前所提到的歌手，或是攻擊自己的身體讓自己生病等。

**潛意識和真實自我將因此「被動搖」，並竭盡所能地讓顯意識無法忽視真實自我的存在。**

這名女演員的真實自我可能也是以這種機制製造出膽囊病灶。

當然我生前從未見過她本人，這些想法都只是猜測。但是，我可以用我三十幾年的心智教練經驗告訴讀者，這種事很有可能發生。因此，對任何人來說都並非事不關己。

我們必須**接受自己想要無視的負面自我、醜陋自我……接受這些都是真實自我的一部分**。

不要忽視它，也不能忽視它。正因為你需要它，你想忽視的負面自我也才會存在。

# 正是你人生中「缺少的部分」，才讓人感動

為什麼需要負面的自我？這也是解決人生難題的關鍵。**每個人的人生總是有缺少的部分**和負面的一面。這非常肯定，沒有例外。

到底為什麼需要負面的自我？因為，**它是由你親手培養出來的**。

我曾和某家大公司的社長一起參加過宴會。雖然已經預料到答案，但還是大膽問了以下的問題。

「社長你非常富有吧！我要怎麼做才能和社長一樣賺錢呢？」

社長回答：「大家經常問我這個問題，但我自己也不知道答案。因為我只是每天在做理所當然的事。當大家問我如何致富，我真的沒辦法解釋清楚。」

聽到這樣的答案，我心想：「這位社長並未扮演教人如何賺錢的角色。」

## 「從煩惱、思考到發展出自己的方式」是一體的

舉例來說，一個窮困的人透過自行開發出致富的方式而成為富豪。

如果這個人被大家問到：「要怎麼做才能跟你一樣成為富豪？」

他回答：「我這樣做了，要我告訴你嗎？」

如此一來，這個人所扮演的角色就包含了教別人如何賺錢。

換句話說，**我們大家在展開這一生的旅程時，都缺乏自己被賦予的任務和使命**。

人生和真實的自我正教導你，**「必須去擔心和思考這個『缺乏的部分』，並開發出自己的方式！然後，告訴別人怎麼做。因為這就是你的任務」**。

如果一個出生就是富豪的人對你說：「你為什麼會缺錢？你應該也要像我這樣賺錢。」你應該會反駁說：「因為你從一開始就是富豪，所以根本不知道窮人的感受。」

如果一個非常受歡迎、充滿魅力的人對你說：「你為什麼無法深受人們喜愛？你明明希望被更多人喜愛吧？拿出自信吧！」你也一定會堅決反對地表示：「你根本無法知道我的感受，我一直都渴望愛！」

相反地，如果對方的起始點是「匱乏的人生」又會如何呢？

在人生匱乏時，經歷了最窮困的時光。然後，自己從底層開始努力，並獲得了谷底翻身的知識。因此，將能夠同理他人：

「不是這樣。我過去根本賺不到錢。」

「我過去根本不受人喜愛。」

而且還能說出：

「然而，經過不斷試驗、從錯誤中嘗試，我自行開發出了一套不錯的做法，才會有今天。要我教你怎麼做嗎？」

人們並不想向只擁有知識的人學習，而是想向實際經歷過各種事物的人學習。

## 百分百釋放自我潛力的第一步

此處，假設A老師是在溫室裡長大，畢業於知名大學，富有知識也非常會解說；而B老師則是不太會說話，但曾經歷千辛萬苦並克服人生各種困境。

如果你想上一堂「人生」的課，會選擇向哪一位老師學習？通常會選擇B老師吧！你不想

**接受負面的自己，
找回真實自我。**

向A老師學習的原因是，A老師也許知識淵博，但實際上並沒有許多經驗。

人類在本能上對於「向有實際經驗的人學習」，有著無法抗拒的渴望。

換句話說，要影響一個人，**你必須事先經歷匱乏的經驗**。人生最初的設定一定是在與該人相關的任務部分缺乏之下展開。

如果上一節提到的女演員在生前意識到這一點，她應該就能在拍攝現場，對喊苦的年輕演員說：「『軟弱的自我』對你來說不可或缺。沒關係！這樣的話你就可以像我一樣，讓『軟弱的自我』站在自己這邊，並散發出光芒。」

討厭的自己、被視為無物的自己、虛假的自己、負面的自己……

透過接受這樣的自己，把它視為真實自我的一部分，你內心的陰和陽將開始合而為一。**發生性格整合，並回到「真實自我」**。

## 承認「自己真正的心意」後，找回心動的心情！

以下是一名女性轉眼間恢復健康的故事。

曾經有一名四十多歲、乳癌二期的女性來到我的研習。據說她已經很久沒有交男朋友了。她的頭髮蓬亂，不在乎自己的服儀。

因此，我試著問她：「雖然很失禮，但妳曾經戀愛過嗎？」

「學生時期有一位戀人，但是畢業分手後就單身至今。」

「戀愛時有喜歡的歌曲嗎？」

「那麼說來，過去我特別喜歡這位音樂家的這首歌曲。這首歌總讓我想起和深愛的人在一起的美好時光。」

於是，我給了她一項作業。

「**請妳每天唱一次學生時期喜愛的歌曲**，唱得不好也沒關係。」

我請她每天執行這項作業持續約兩個月。接著，這名女性到醫院檢查時，發現惡性腫瘤幾乎消失了。剩下的少數病灶要消失不見，也只是時間上的問題。

## 整合性格將創造「未來潛力」的光芒

事實上，這是一項機制。對人類來說，戀愛心情是一種重要的感覺。然而，這名女性一直把工作視為生活重心，捨棄了戀愛心情等身為人類的感覺。我認為，這或許是她生病的主要原因之一。所以首先，我希望她能找回戀愛的心情。

因此，我請她透過唱出熱戀時喜歡的歌曲，想起當時在戀愛中的自己，找回戀愛的心情。她還是學生時似乎非常健康，所以，如果她想起當時的戀愛心情，應該也會想起精力充沛的自己。這就是我所謂的機制。

只要當時的狀態令人愉悅，大腦就會單純地回到當時的身體狀態。

之後的發展變得有些有趣，她突然間獨自去了夜店。

她在執行我出的作業時，意識到自己至今一直掩蓋住真實的感情。事實上，比起學習和工作，她更想要自由地玩耍，但卻一直在忍耐著不放縱。她意識到自己拚命想要掩蓋這些，努力讓自己看不見自己的真心。

她意識到「真實的自我」，並開始把它找回來。臉上曾經陰暗的表情變得愈來愈開朗，也變得更會打扮，成為了一個比過去更有魅力的女性。

於是，她和一位碰巧在夜店認識的男性交往，真的找回了戀愛心情。**她的內心也確實開始恢復平衡。**

「這實在太棒了！妳和那位男性都聊了些什麼？」

令人印象深刻的是，當我高興地問著各種問題，她也開心地與我分享。因此，我覺得剩下的病灶大概也要消失了。

我的客戶中有許多人和她一樣，因為生病才意識到自己壓抑至今的真實感受。**所以，只要面對自己，回歸真實自我，自己的內心就會恢復平衡。**

內心一旦恢復平衡，意識能級就會提高，身體釋放的能量也會增加。發生這種情況時，這個人將處於「生不了病」的狀態。因此，身體將回到符合自己期望的狀態。

相信著：「自己的願望一定會成真。」有好幾種方法可以像這樣自己控制著去達到高度確信的狀態，重點就在於找到適合你的方法。

# 「為何要經歷這種『不順利』？」

有些父母出於某種原因無法撫養孩子，並將孩子寄養在育幼院中。這些在育幼院長大的人之中，有人會認為「自己被父母拋棄」，不自覺地感到自己毫無價值。

有非常多人都苦於這種無法抹滅的無價值感而來找我諮詢。

對於這種案例，我會在初次研習中詢問：**「你為何要讓父母拋棄自己？」**

「我不懂你的意思，並不是我想這樣做啊！」

「因為擁有這樣的想法，你的煩惱就永遠不會消失。我再問你一次，小時候你為何要讓父母拋棄自己？」

「…………」

這是在我研習會中的實際互動。

不只這個案例，我經常會問客戶：

「你為何要特地去經歷這種『不順利』？」

## 只有連接到目前為止的「困難」，「才能看見的東西」

我在第一章中也介紹過這項作業。

透過問自己這樣的問題，讓自己「在發生的現實中找到快樂」。

如果你持續對自己提問，就會逐漸習慣向自己詢問原因，而不是詢問別人。一旦習慣向「別人而非自己」詢問原因的模式，就會萌生並強化「世事總是事與願違」的信念。所以，首先必須改變自己的觀點。

如此一來，當自己改變觀點，向自己詢問原因，我們就會**開始思考能從現實中獲得什麼「益處」**。

自己「為何」會選擇在這種處境下出生？正如我在第二章中所提及，把它編輯成故事。

當我發現在客戶心中，故事的脈絡已逐漸清晰，我會在研習中再問一個問題：

「你想起為何要讓父母拋棄自己了嗎？那麼現在到底發生了什麼事情？」

然後，我得到了如下的答案。

「我注意到有些人和我沒有血緣關係，卻非常關心我。」

「像我這樣被父母拋棄的人，大家卻會和我討論人生。」

即使已經有過幾次研習的經驗，在談話開始的階段，仍有許多人會這樣回答。當聽到這些答案，雖然很抱歉，但我笑了。

「你還沒注意到嗎！你讓父母拋棄自己的目的是什麼？」

然後我會接著提問：

「**你到底為何要讓父母拋棄自己？**」

## 難度與「你的潛能高低」成正比

實際上就是如此。

與父母關係良好的人總是會被家庭束縛，難以擺脫家庭優先的框架。換句話說，出現問題時將固守於家庭第一的想法。事實上，你應該看過很多人在緊急情況下，都會認為「只要自己的家人能受到保護，別人怎麼樣都無所謂」吧！

當然，因為自己也是人，所以可以充分理解這種感覺。然而不可否認，嚴格說起來，比起偉人和聖人，他們的視野相當狹隘。

但是，如果一個人與父母和家庭的關係從一開始就中斷了，那又會如何呢？

「世界上的人都是我的家人。」

「把多數人視為家人並影響他們吧！」

像這樣，不受家庭束縛的人就能從更寬廣的角度俯瞰事物，因此，他們生來就敢於「切斷」與父母和家庭的連結，以避免有所牽掛。

這是因為，**他（她）們的角色是要影響世界上絕大多數的人**。

這就是為什麼許多人會和他們討論人生。

為什麼他們天生就具備能夠治癒和引導許多人的能力。

因為希望他們能夠意識到這一點，所以我一再地詢問：「人生對你有什麼要求？」

「人生」是在告訴這些人必須影響如此多的人。「讓父母拋棄自己」、自然而然地具備引導許多人的能力和才幹，這些都是他們自己創造出來的劇本。

這些人在出生前就決定了自己的任務。

當我看到客戶已經意識到這一點，我會問他：**「那麼，未來你將如何生活呢？」**

此時，他會意識到自己的人生目的並表示：「我終於醒悟了。因為這樣的處境，對於沒有血緣關係的人，我也能感受到深厚的感情。我比一般人有更多機會去發現如此深刻的愛。這就是為什麼我也把沒有血緣關係的人們視為家人，並愛著他們。」

像這樣，一旦想起自己的人生目的，你將回歸到真實自我。所以意識能級和身體的能量也會迅速增加。

因此，許多人在第一次與我會面後幾個月內，便克服創傷、改善疾病，回復到身心健康的狀態。

# 孤獨感，謝謝。自卑感，最棒了！無價值感，最強！

孤獨感、自卑感以及無價值感等，是人們所迴避的負面代表事物。

## 孤獨感

哲學家齊克果認為：「要與神交流並確定人生目的絕對需要孤獨。」

為了自由，孤獨絕對是不可或缺。

只要你想獨處就可以在獨處中找到開心與快樂。並且，只要你想和某人在一起，也可以呼喚他並享受和他在一起的滿足感。**孤獨是最自由、最強大的狀態。**

## 自卑感

自卑感的對立面是優越感。

**自卑感是讓優越性和天才特質存在的必需品。**

我認識一名剛成為心理學顧問的女性。某次，剛好有一個只有顧問才能參加的後續研習會。她很熱衷於學習，所以很早就在會議開始前入場，並坐在最前排的空位上。於是，研習會召集人的助理向她搭話：「不好意思。因為座位順序已排定，要請○○小姐坐到最後面。」

於是，她不情願地坐到最後一排座位。研習會結束後，她向坐在旁邊的同伴抱怨說：「我因為想坐在最前排，很早就進來會場。但助理卻跟我說：『妳的位置在最後排喔！』」

結果同伴說：「唉呀，妳不知道嗎？這個座位是按照營業額等級排序的呢！」

換句話說，研習會召集人透過查看參加者繳交的權利金及營業額，確認每位參加者的收入，並決定他們的座位。

原來如此，坐在最後一排代表我是這些人當中營業額最差的一個啊……意識到這件事的瞬間，她似乎感到強烈的自卑感和不自在。

聽到她的話，我忍不住笑了起來。

「妳還沒有意識到自卑感的價值。如果我是妳，**我非但不會沮喪，還會感到欣喜若狂**。因為，**優秀的榜樣全都排列在我面前了**。」

## 自卑感有「錯誤用法」和「正確用法」

許多人就和她一樣，想著：「因為我很沒用！」把自卑感當作責怪自己的材料，但這是自卑感的錯誤用法。

**要找到比自己更優秀的人就不能缺少自卑感。**

我會這樣運用自卑感。若是眼前有比自己更優秀的「老師」，我會想像他們每個人都穿著布偶裝，然後在這樣的想像中，自己走進布偶裝裡面，並問自己：

「這位老師是如何與客戶互動？」

「是以什麼思考方式和價值觀經營事業？」

然後，在心裡描繪出這位老師腦中的答案，並把它吸收到自己身上。

換句話說，**讓自己澈底融入優秀人們的價值觀和思考方式**。充分吸收他們的精髓後，說著：「不好意思，失禮了！」脫下布偶裝。接著，立刻再去確認另一旁的「老師」。像這樣，相繼把幾十個人作為學習材料運用。

這是一個寶貴的機會，優秀的人難得全都聚集在面前。自卑感的出現是為了讓你意識到：

「自己也可以像這些優秀的人一樣。」

談話結束後的一個月，這名女性向我說：「梯谷先生，我做到了！過去，我作為顧問每個月有三十萬日圓的收入。但在一個月內，收入變成了一百五十萬日圓。」

「真厲害！妳到底做了什麼？」

「我試了梯谷先生告訴我的『那個』。」

聽完我的話後，她似乎立刻執行了這個技巧。參加研習會時，前面坐著許多優秀的人們，當她真的試著想像自己進入到布偶裝中，新的價值觀和觀點也在不知不覺中注入到她身上。從那時起，她作為顧問所做的工作並沒有多大變化，但月收入卻整整翻了五倍。換句話說，**對她來說，自卑感是她作為顧問能取得重大突破的絕佳機會**。

自卑感的存在是希望你意識到一些事情，應該以這種方式運用自卑感。

## 無價值感

人們會試圖避免自己毫無價值。並且認為自己「必須成為有價值的人」，在工作中全力以赴，為自己所愛的人付出奉獻，試圖取悅他人。

尤其是女性，經常會陷入「總是被男友以太黏人的理由提出分手」的煩惱中。

A小姐和B小姐都以同樣的方式為男友付出奉獻。但A小姐卻被男友以「太黏人」的理由甩了，而B小姐的男友則相當珍惜她，並表示：「絕對不想放開這個人。」兩者的差別到底是什麼？

即使做著相同的事，但A小姐的內心卻認為自己毫無價值。為了消除無價值感，她**以必須成為有價值的人作為行事動機**。於是，接受者的男友便有了這樣的感覺：

「為什麼無法決定自己的價值？為什麼總是依賴我？自己的價值自己去認同啊！」

因為對她的愛感到厭煩，所以用「很黏人」來表達。

另一方面，B小姐認為「自己本來就富有價值」。B小姐的情況是：**「把我的價值分給男友。」**男友是獲得的一方，所以便自然而然地「不想放開這個人的手」。

**即使採取同樣的行動，但是動機是出於無價值感或是有價值感，對方的反應就會不相同。**

這個道理在商業上也相同。如果自己是出於擺脫無價值感的動機而採取行動，通常都不太順利。舉例來說，客戶會覺得：「這名銷售員雖然很親切，但有點煩人！」或是覺得自己正在被推銷產品。

## 要把什麼東西放進名為「自己」的容器裡？

那麼，我們為何需要無價值感呢？

有一個稱為「我」的容器，這個容器中如果有「自己是空無一物、毫無價值」的想法，就會開始要求大家「認同自己」。

因此，他人的認可會進入到「我」的容器中。但是，如果持續接受他人的認可，「這是大家擅自放入的評價，而非自己決定的評價」，以及「自己毫無價值」的想法就會一直糾纏自己。

**所以，把杯子裡別人的所有評價全部丟掉，清空自己的容器**。然後**自行把價值塞進「自己」的容器裡，像是：「自己這麼做可以說相當具有價值」**。如此一來，就會感覺「自己具有價值」。

如果不讓自己處於無價值感的空無一物狀態，就無法放入自己的評價。

以前，有一位叫做李小龍的香港動作演員。一九七〇年代時，他所主演的電影《龍爭虎鬥》在全世界掀起一股熱潮。

這部電影中有這樣一幕場景。食堂桌上有一個空杯子，李小龍指著它說：

「杯子為什麼有用？因為裡面是空的！」

如果杯子裡有東西，就無法倒入新的東西。正因為杯子是空的，才可以把水或啤酒到進去，隨心所欲地享用。

**要培養「自己具有價值」的信念，絕對需要無價值感。**

自己這樣做可以說很有價值。

自己以此為目標可以說很有價值。

要像這樣發現自己的價值，絕對需要無價值感。

古代哲學家亞里斯多德主張：「自然厭惡真空」。

大自然討厭空無一物的狀態。換句話說，如果一個人處於空無一物的狀態，就會不自覺地試圖以某種事物來填補。一般人會放入「別人的評價」和「公眾的價值觀」。而在這之中，過去的記憶將會變得更複雜。

**因此，要把別人的評價和過去的負面情緒全部仍掉，清空容器。**因為自然厭惡真空，如果不儘快用什麼東西填滿容器，就會放進奇怪的事物。

所以，要在清空的容器中放入「自己未來的目的」和「人生所需的事物」。

以我的方式來表達就是**「神的意志」**。

要把別人的評價和過去的負面情緒放入「自己」的容器中？還是全部清空，再放進「人生賦予自己的任務」「自己的意圖」以及「對未來的想法」呢？

放入什麼將決定「我」是什麼樣的人。然後，來自周圍人的評價將會改變，現實狀態也會逐漸改變。

## 以自己的生日為線索找到「人生目的」的故事

討厭的人、不願直視的情緒、不想回憶的過去……

如果對於組成自己人生的負面情緒，不斷追問自己「到底為何要有這種情緒？」「為何？」並持續尋找答案，肯定會連接到這個人的人生目的。

這樣就會把負面情緒全用在解決人生中的難題，和與人生共舞中。負面情緒是告訴你**「某些東西偏離正軌了！」**的訊號。

因為現在的自己已經偏離了真實的自己，所以負面情緒試著教你如何回歸正軌。

「因為自己在表達人生目的時犯了錯，所以才會如此生氣。」

「因為自己在表達人生目的時犯了錯，所以才會如此不安。」

然後，可以考慮新的表達方式，就是這樣。

**當你執著於舊想法，或是疏忽改革新做法，負面情緒就會出現。**

此時，負面情緒會來到自己面前，拚命試著告訴自己該怎麼做。

## 「早生者*的煩惱」試圖傳達的事情

最近，有一位癌症患者前來諮詢。

據說，她從小就經常夢到被不知名的事物追趕，或是跑著追逐某事物。因為平常就有「被追逐的感覺」，所以才會反應在夢裡吧！那麼究竟是什麼讓她心中產生「總是被追逐的感覺」呢？

為了探索這個謎團，她每天都會不斷問自己「為何？」這個問題的最終答案是：

**「那麼說來，我是三月三十一日出生。」**

根據日本的《學校教育法》，四月二日出生到隔年四月一日出生的小孩將會在同年入學。四月二日出生的小孩就會像小哥哥、小姐姐一樣。而如果在三月三十一日和四月一日出生，將會成為同年級最小的孩子。雖然對大人來說，一年的差異微不足道，但對年幼的孩子來說，一年的差異可不容忽視。

「自己不如周遭的其他人。自己是微小的存在。我必須努力追趕上每個人。」

這種「總是被某物追逐的感覺」，來自於童年時期的焦慮。不只如此，對這個人來說，這種想法也成為了致癌的因素。

## 一名注意到「自己到底想做什麼？」的女性

那麼，她為什麼須要體驗在三月三十一日出生並被追趕的感覺，以及自己的不足呢？簡單來說，就是她覺得自己缺少一些東西，但其實相反，她已經擁有足夠的東西了。

無論是早出生一年或晚出生，都與自我的價值無關。

自己的價值是由自己決定的。

「由父母和小學老師所決定的價值一點也不重要。我的價值是由我決定。自己的生活方式也是由我自己決定。自己所扮演的角色就是在告訴大家這一點，不是嗎？所以，才特地選擇了在三月三十一日出生，不是嗎？」

*註：日本所說的「早生まれ」（中文翻譯「早生」）是指一月一日～四月一日出生的人。一到三月出生的小孩，會比同年出生的人早一步入學。

我就是這麼告訴她的。

事實上，這名女性一直生活在父母的支配下。因此，她最終必須要知道這一點。

然後，她打定主意：**「要自己決定如何生活！」**並開始行動。

一旦意識到自己的人生目的並付諸行動，身心將絕對會開始變健康。客戶的疾病和憂鬱往往也會隨之自然地消失。

## 「假裝正面」毫無用處

「如果一臉的悲傷，會讓大家擔心，所以必須微笑。」

「如果說出沒志氣的話，就完成不了工作，所以必須充滿熱情、盡最大的努力去完成。」

說出這些話的人，我把他們稱為「假裝正面的人」。

「假裝正面」就是掩蓋自己的負面情緒，強迫自己看起來很有精神的狀態。

當負面情緒浮上檯面，許多人會試圖以假裝正面的狀態來應付。但這麼做並沒有好處，可以說是百害而無一利。

因為，一旦掩蓋自己的負面情緒並置之不理，在事業或人際關係上就會發生問題。如果到了這種地步自己還是沒有察覺，可能就會出現事故或是疾病等重大警訊。

**因此，絕對不要將負面情緒視為敵人。**

重點在於，當感受到負面情緒從自己的內心浮現，試著詢問：「自己是因為什麼目的而需要它」。

# CHAPTER 4

## 那個期望是「自我基準」？還是「他人基準」？

「想要或不想要」取決於「做得到還是做不到」

# 並非別人的標準，而是「澈底按照自己的標準」

鯛魚燒是將麵團倒入鯛魚的模具中，再放入內餡烘烤而成。但是有人會說：「我不想要鯛魚燒，我想要人形燒。」所以會反覆試驗，「更換外皮或是內餡」，並從錯誤中學習。

但是，就算更改了麵團或內餡的配方，只要使用鯛魚燒的模具，就會烘烤出鯛魚燒。你可以把這個模具想成是「後設潛意識」。

後設潛意識是「人生的容器」和「前提」。根據不同方向和模式，產生的結果也有所不同。後設潛意識中有十七種模式，如果想了解更多，可以參考我的拙著《無意識的力量：日本NO・1高效心智訓練，從潛意識、動機到行動，仿效一流菁英的14種致勝思維，實踐目標最有效的實用心理學潛意識》（大牌出版）。在本書中則希望告訴大家「與生活共舞」的方式。

因此，**重點在於將「自我基準」以及「未來基準」澈底活用在自己的後設潛意識中**。

## 馬克・祖克柏所受的教育

幾年前我看過一個電視節目，討論 Facebook 創始人馬克・祖克柏接受的教育方式。馬克・祖克柏的父親登上節目，談論如何教育馬克・祖克柏。

馬克・祖克柏還是青少年時，某天放學回家後，對他父親說：「爸爸，幫我買遊樂器！」

「你可以告訴我為什麼你需要那個遊樂器嗎？」

「因為我的朋友〇〇有這個遊樂器，所以我也想要。」

「這可不行。」

父親並沒有買下遊樂器。

隨著時光流逝，馬克・祖克柏成為了一名高中生，並在電視上看到劍擊比賽。這時馬克・祖克柏又說：

「爸爸，我想學劍擊。」

「是嗎，你為什麼想學劍擊？」

「因為我想要變得更強！」

於是隔天，他的父親買了一整套劍擊用具，然後對祖克柏說：「拿去用吧！」把劍擊用具作為禮物送給了馬克・祖克柏。

馬克・祖克柏的父親在採訪中解釋道：

「基本上，我會讓他做自己想做的事。但是，如果理由是『因為大家都這麼做』就會拒絕。」

換句話說，馬克・祖克柏從小就澈底被教育要培養出「自我基準」。

順帶一提，馬克・祖克柏廣為人知的事蹟還包含總是穿著同樣式的衣服。基本上，每天一定就是灰色T恤外加灰色連帽外套和牛仔褲，還有NIKE的運動鞋。

「為什麼每天都穿同一樣式的衣服？」

「因為我不想每天早上都把精力花在思考要穿什麼。」

看了這個節目後，我發現他是一個「超級自我基準型」的人。這樣的人不太在意周遭其他的人目光。

## 無法甩開「盲目從眾」

很可惜的是，在現實世界裡，世界上能夠按照「自我基準」行動的人並不多。

舉例來說，我記得在新冠肺炎疫情下，當傳來「口罩即將售罄」「衛生紙即將缺貨」的謠言，各地都出現了恐慌性搶購潮。光就這件事來看就可以發現，許多人是出於「大家都這樣做」的理由而採取行動，並非是經過自行判斷。

在混亂時期，人們往往會不知不覺成為「他人基準型」和「外在基準型」。但是，正如我一再提及，我認為按照這種模式行動的人，在未來時代，將被周遭埋沒，難以茁壯發展。

**在未來時代，我們需要澈底地按照「自我基準」和「內在基準」行動。**

# 依「看待現實狀態的方式」不同，人可以無敵也可以無能為力

A和B兩名年輕人就讀同一所國中、高中，且都畢業於知名大學，接著同樣進入一流的公司上班。A自從就任以來，在工作上就一直如魚得水，但B卻離職了。這兩個人究竟有什麼差異？

「A為什麼選擇就讀這所大學呢？」

「因為我將來想做這方面的工作。如果想進入相關企業，讀這所大學比較有利，所以我選擇了這所大學。」

換句話說，A是根據自己想做的事，自行選擇並決定各種路徑。這種人格就稱為內在基準型和自我基準型。

另一方面，B的情況則是如下：

「B為什麼選擇就讀這所大學？」

「因為媽媽和學校老師都認為我讀這裡比較適合。」

換句話說，**B並不是自己想要這麼做，升學或就業決定的關鍵是周圍成年人的意見**。這種人格就是後設潛意識中所謂的「外在基準型」和「他人基準型」。

## 「以自我基準生活的人」擁有什麼想法？

**A和B的差異在進入社會後就更明顯了。**

自我基準型的A是自己決定要進入這家公司；他人基準型的B則是因為父母和師長的建議而進入公司。

當然，出了社會，每天免不了會遇到工作上發生疏失的時候。即使找人商量：「部長，發生問題了！我該怎麼做？」上司也會因為忙碌而命令自己：「這點小事自己想辦法解決！」類似這樣的對話，在公司可說是司空見慣。

在這種情況下，生活在自我基準下的A會回答：

**「知道了，我會想辦法解決。」**

A會這麼說，是**因為A有自己思考、決定和採取行動的經驗**。習慣用自己的力量去完成事情。對於「自己可以做些什麼」充滿自信。

另一方面，B屬於他人基準型。所以到目前為止，包含升學及就業在內，所有選擇都是別人替他決定。B的潛意識中有一個「讓別人決定一切」的想法。

所以，如果在和上司商量後，卻被告知：「這點小事自己想辦法解決！」B就會束手無策，陷入「不知道該怎麼做」的僵局。

每當發生問題，B就會變得焦躁、混亂和恐慌。

「即使跟部長商量，部長一定又會叫我自己想辦法。前輩們似乎也沒空聽自己說……」只會更加心煩意亂。因此變得鬱鬱寡歡，在某些情況下，將無法再進到公司裡。

## 是什麼分出兩者的光明與黑暗？

像B這種他人基準型的人，是根據別人的標準來判斷該做什麼和不做什麼。這個判斷標準可說是只要被別人讚美就會做得很好。

另一方面，像A這種自我基準型的人，則是根據自己的內在信念和價值觀，決定要做還是不做，以及是否會有成效，或是否會成功。處於擁有自我中心的狀態。

## 自己決定一切的 A 和讓周圍人決定的 B

從這個例子中可以明顯看出，問題出在他人基準型。他人基準型的人總是根據別人的標準行動，而非按照自己的標準行動。換句話說，自我願望從未實現過的想法時刻在糾纏著自己。

B總是會感到莫名的煩躁。

「**自己實現了父母和老師的願望，而不是自己的願望。**」

然後覺得「人生被看不見的東西左右」「生活中毫無喜悅」，對現實的理解最終變得極為負面。

如此一來，將對「自己能做些什麼」感到毫無信心。因此，儘管B的實力和A不相上下。但是每當在公司遇到意外情況，B就會無法思考、不知所措。

## 「有能感」+「自我決定感」可以建立自信

到底要怎麼做才能像A一樣充滿自信?

自信需要兩大要素：有能感（Self-Competence）和自我決定感（Self-Determination）。

有能感是一種「自己能夠做到」的感覺。可以透過累積採取行動和實現目標的經驗獲得。

另一個自我決定感則是一種**「由自己決定事情」的感覺**。

只有當自己具備有能感和自我決定感，才會開始充滿自信。

A具有自信是因為到目前為止，已經累積了自己決定想做的事和完成這些事的步驟。

另一方面，B進入到一所「不錯的學校」，因此培養出了有能感。但是他選擇聽從別人的建議，並沒有培養出自我決定感。因此，即使長大成人後仍沒有自信，並且覺得「不知道自己想做什麼」，在人生道路上停滯不前。

如果B能在更早的階段以自我中心決定想做的事情，並採用自己的標準來行動和實現目標，或許後來，他的前途發展將與現在截然不同。

不僅是商業界，放眼活躍於演藝界和體育界等各個領域的人們，有些人會在短時間內筋疲力竭，而另一些人則能長時間發光發亮。即使正在做同樣偉大的事情，在後設潛意識的極大影響下，也能分出「發展順利和發展不順」的人。

# 為什麼「希望別人認同」的想法剝奪了生活的樂趣？

商場如戰場，任職於外資企業的商務人士，如果無法取得良好績效，有可能在一年內就被解雇。

因此，似乎有許多人會把「成果」與「自我」混為一談。

「沒有績效，自己就毫無價值。」

「無論取得多好的績效，還是不夠。」

始終擺脫不了這種感覺，直到精疲力竭。

前幾天，一位知名記者因為罹患「肌萎縮性脊髓側索硬化症」（Amyotrophic Lateral Sclerosis，簡稱ＡＬＳ）而過世。肌萎縮性脊髓側索硬化症是一種病人長期處於極度緊張狀態，導致肌肉逐漸萎縮無力的疾病。

據我所知，許多在國際企業和電視台工作的人都患有這種病。他們當中有許多人會把自我和電視收視率完全重疊在一塊。

當負責的節目收視率上升，自己就具有價值；當收視率下降，自己就毫無價值……有時他們會如此深信不疑。

當他們來我的研習會諮詢，我通常會挖苦他們：

「你的價值取決於收視率嗎？」

**在這種情況下，都有「希望別人認同自己」的想法。**

「希望別人認同自己」的價值觀，乍看之下似乎是一件好事，實際上卻造成了惡性循環。

無論結果如何，都會覺得「這是實現了別人的願望，而非實現自己的願望」。因此，讓人生失去喜悅的感覺。這確實也是削弱體力，增加身心疾病的主要原因。為了擺脫這種狀態，就必須離開別人的軸心，並建立自己的軸心。

## 若是在沒有更新「與父母的關係」下長大

此時的關鍵在於與父母的關係。

因為人出生後第一個遇到的人，就是「自己的父母」。而且大多數孩子們會出於希望獲得父母認同的想法而採取行動。

當然，這個想法本身是再自然不過。**但問題在於，即使長大了，仍然想「被父母認可、被父母誇獎」的情況。**

在這種情況下，即使在進入社會後，也會開始尋求「父母的替代品」。上司、前輩、戀人和配偶在不知不覺中開始被視為是父母的替代品，並且轉為出於「希望得到這些人（們）認同」的想法，而採取行動。

在我的經驗看來，尤其以女性居多，長大後仍然「希望獲得父母（特別是母親）的認同」。結果就是，總是被別人牽著鼻子走、擔心別人的評價，或者總是莫名地感到不安。

因此，人生的先決條件變成「只是為了滿足別人的快樂，並不是在做自己真正想做的事情」，並產生了「人生毫無樂趣」的想法，然後逐漸被鬱悶的情緒包圍。

因此**首先必須擺脫父母**。

為此，就要想起父母要求自己「這樣做、那樣做」的童年記憶，重現那段時間並重新開始。

我的做法是，先讓本人反擊父母想要的一切事物。此時，不必真的要在父母面前，只是讓他面對印象中的父母親。

・你要進入一所好的大學，在一家大企業工作，並獲得穩定的薪水。
→「這是母親的期望！並非我想要的。」
・希望你能為他人著想，永遠做個善良的女人（男人）。
→「這是父親的期望！我不想聽命於此。」

舉例來說，像是這些情況。

像這樣反擊父母強加的期望後，接下來我會讓本人決定自己想「成為怎樣的人」，並做出宣示。

「因為我想這樣生活。」

如此一來，透過與「自己心中的父母」溝通，本人將愈來愈獨立。

接著就是最後一步。

讓本人擺脫「如果獲得成果自己就有價值；如果沒有成果自己就毫無價值」的想法，並賦予「當自己做出這個行動，可以說就具有價值」的全新意義。

就像下列這樣讓本人做出宣示：

**「我會這麼做的目的，是想讓世界變成這樣。所以對我來說，這些行動具有價值，完畢。」**

即使周遭的人表示：「那不是什麼了不起的事！」或是「不可能順利！」本人也只要回答：

「那是你的價值觀吧！請不要用你的價值觀來評斷我。」「請不要用你的標準來衡量我。」

**一旦自己輕描淡寫地澄清「採取這個行動時，自己就具有價值」的意義，採取愈多行動，「自己具有價值」的意義就愈大。**

然後，自己將不再需要「希望別人認同」的價值觀。

「希望別人認同」的想法，看起來似乎是一件好事。但是因為它將剝奪一個人「生活的樂趣」，所以一定要多加注意。

# 「取悅他人」的願望是「出乎意料的陷阱」

想要取悅他人。
想要幫助他人。
想要被他人需要。
想要被他人認可。
希望與某人心心相印。
看到孩子們的微笑時最感幸福。
想靠事業賺大錢……等。

以上列舉的是一般人普遍追求的價值觀。

我相信，有許多人都懷抱著上述想法，並且每天都在努力過上更好的生活。

然而，如果我們總是不自覺地抱有這些想法，在事業、人際關係、愛情、婚姻和健康上，往往會發生「問題」。

當然，這些想法每一個都非常重要。但是，**許多時候在這些想法的影響下，保持喜悅的方法大多已經偏離了正軌**。

## 為什麼這種想法會創造「狀況不佳的現實狀態」？

偏差的喜悅中，最典型的就是「想取悅他人」。取悅他人這件事本身不是一件壞事，問題在於取悅他人的目的。

當「取悅別人」成為主要目的，自己的快樂將取決於他人，容易陷入「如果別人不高興，自己就無法開心」的狀態。

「你的快樂取決於他人嗎？」

這是我在研習會中常說的臺詞。

因為什麼目的想讓事業成功？

因為什麼目的想讓愛情順利發展？

因為什麼目的想遏止疾病惡化？

想要如何生活？

就算問了這麼多問題，還是有許多人只回答得出：「自己只是想要取悅他人。」「想為他人做出貢獻。」

究竟為何如此想要取悅他人？

取悅他人也意味著自己必須順應別人的價值觀。換句話說，這樣的人往往屬於後設潛意識中的「他人基準型」。

這代表他們**容易放棄自己的價值觀**。採用這種後設潛意識的人中，大多具有下列的自我形象。「自己毫無價值」「無法獨自一個人生活」「不想要孤單一人」或是「自己一無是處」。

換句話說，「自己毫無價值」→「因此，必須取悅他人」。

因為心裡的話容易成為現實。所以，愈是取悅他人，就愈是加強了「自己毫無價值」的前提。諷刺的是，愈是拚命努力，心裡就愈覺得「自己一無是處」。就像是光線愈強，陰影就愈暗。黑暗的陰影開始具有更強大的力量，並吞下了「表面的自己」。

因為「我毫無價值，但我想成為有價值的人」，是件非常矛盾的事。如此一來，大腦將陷入「應該走哪條路」的雙重束縛狀態。

## 如果繼續忽視「偏差的喜悅」，會發生什麼事？

過去，我的客戶中有一位以治癒他人為生的療癒者。她罹患癌症末期，並前來找我諮詢。她是業界紅人，在生病倒下前，幾乎每天都在工作。

我問她：「為什麼如此努力工作？」

「因為希望看到客戶開心的表情。」

我發現這句話並不真實，因此決定提出更多問題，並探索這個人內心深處真正的聲音。

「妳究竟為何要如此取悅他人？」

「客戶如果不高興，妳就無法開心了嗎？」

「妳的快樂是取決於他人嗎？」

「如果這就是妳生病的原因，妳有什麼想法？」

經我這麼一說，她似乎注意到什麼，並擠出聲音回答我：「……因為，如果不這樣做，我就會是孤零零的一個人……」

她「內心裡的話」終於浮出水面。

**「我如果無法繼續為別人服務，周遭的人就會消失不見，覺得就剩下我孤單一人。**我討厭這樣。」

這名療癒者的內心有一種對孤獨的恐懼。加入恐懼調味的喜悅就是偏差的喜悅。

當一個人朝著自己的「人生目的」行動，最能強烈感受到有生氣的感覺，並能獲得最濃烈的幸福感。

在這種情況下，無論遭遇任何事故，都會想著「**這只不過是達成人生目的的一個過程**」，並持續前進。因此大腦的獎勵系統思維會開始運作，讓身心保持健康，

然而，如果忽視「偏差的喜悅」，會發生什麼事？以這名療癒者的情況來看，由於「不想孤獨一人」的欲望最為強烈，因此大腦的痛苦系統思維變得容易運作。此外，因為總是依照別人的標準來採取行動，所以一旦被旁人批評，就會立刻對號入座，把這些負面訊息和自我人格畫上等號，認為「自己被否定了」，因此容易受到各種傷害，人際關係受挫、事業發展不順，久病不癒……

如此一來將導致諸事不順。

**你究竟是用「他人基準」還是「自我基準」生活，是左右現實人生的關鍵。**

# 所思所想改變，說話方式就會改變、行動也會改變，人生終將改變

實現目標的目的是基於「他人基準」還是「自我基準」，或是基於「義務」還是「欲望」，這一點非常重要。無論是健康、事業、人際關係還是愛情，我想問：「你到底為何想這樣做？」是基於「因為每個人都這樣做」「因為不這樣做會很尷尬」的他人基準，還是基於「因為必須這樣做」「常識上應該要這樣做。」的義務？

愈是基於大家的標準行動，大腦的痛苦系統思維就愈活躍。皮質醇和腎上腺素等荷爾蒙物質就分泌得愈多，壓力也愈大。因此，身心就容易感到疲倦和生病。

畢竟，「他人基準」或「義務」的前提之一就是「這不是自己所想要的」。

因為大家都這樣做、因為父母也這麼說，所以這樣做。但這卻不是自己想要做的事。

現今，絕大多數的人都生活在這樣的情況下。當「應該這樣做」的語言型態和想法成為惡習，自己會總是想像著未來的責任，所以當下就會體會到未來的感受並變得痛苦不堪。而這也

將導致憂鬱和疾病。

## 這就是為什麼人生被「裝著現實的容器形狀」所左右

當自己透過一個「應該要這樣做」的既定概念來看世界，將不會再注意到新的想法和可能性，現實狀態也不會再發生任何變化。

舉例來說，提到台車的用途時，你會想到什麼呢？習慣從既定概念來思考的人，除了運送行李外，很難再想出其他使用方式了。

但是，你覺得把它定義為移動的工具會怎麼樣呢？它可能是嬰兒車或是輪椅。職業棒球比賽中，投手似乎可以乘坐它離開投手丘。

此外，如果把它定義為遊具又如何呢？它可能是四輪滑板或是自行車的側車。另外，當你從陡峭的斜坡上向下滑行，把它當作過山車或是滑雪橇一樣玩耍，不是很棒嗎？

這次，讓我們試著把它定義為一個易於移動的舞台。於是，我們可以把它想成是參選人街頭演說或是歌手與偶像的簡易舞台。

換句話說，**即使是同樣的東西，賦予它不同的定義就會產生截然不同的可能性**。

## 「沒有時間」的說法阻礙了大腦運作

如果你在被時間追著跑時，會喃喃自語地說出「沒有時間」，你就是後設潛意識中所謂「歸咎他人型」的人。

你的大腦會意識到，有一種看不見的東西叫做「時間」，而你正受到它左右。

接著，大腦會停止行動和思考，因為感覺「被看不見的東西」左右而不知所措。最終你將失去選擇和行動的空間。

相反地，如果你是「自我究責型」的人，你絕對不會說出「沒有時間」，而是採取**「現在無法空出時間」**的說法。

如此一來，大腦會如何運作呢？

「並不是沒有時間，只是現在無法空出自己所需要的時間。」

「時間是否能被創造出來是取決於自己。那麼我們該怎麼做呢？」

因此，「是否能空出時間取決於我自己」的前提就誕生了。大腦的運作方式會變成：「那麼，讓我們來創造出時間吧！」並自動找出創造時間的方法，逐漸出現**新的選擇和行動的空間**。

這就是改寫後設潛意識。

一個人如果採用「是我的責任，我只是沒有安排好時間」的「主體行動型」和「自我究責型」的後設潛意識，會有更寬廣的行動和選擇空間。所以，他們的現實狀態也會逐漸開始變化。

## 有這種想法的人「肯定會大有發展」

處於被動和「歸咎他人型」立場的人，現實狀態不會有變化，也不會做出成果。事情就是這樣。把失敗歸咎給別人根本不像話。

**「一切只不過是自我意識所投射和創造出來的東西。」**凡事順利的人都會採取「自我究責型」的立場。

舉例來說，當生病或發生事故，一般人並不會認為「這是自己創造出來的結果」。

但是，凡事**順利的人是完全自我究責型。因此他們會認為：「是自己主動遇到疾病和事故。這些遭遇是自己出於某種目的而創造的。」**

如果自己像前者一樣看待世界，「自己被看不見的東西所左右」的感覺會愈來愈強烈，並且會愈來愈難憑藉自己的力量克服這種情況。

然而，如果自己像後者一樣看待世界，大腦就會開始以自我為中心思考：「為什麼特地創造出這種不合理的情況？」因此，能夠靈活地行動。**最終更容易創造出新的潮流。**

# 失敗時「歡欣鼓舞的人」和「悶悶不樂的人」

這裡有一組有趣的數據跟大家分享。某大學的腦科學研究所做了以下的實驗。

實驗中設置了兩個碼表，受試者如果可以剛好在五秒鐘時按停碼表，就會獲得獎勵。

在第一個測試組中使用了電腦所選擇的碼表，來研究大腦的前額葉皮層是如何運作。讓受試者在認為「五秒到了！」的時候，按停由電腦所選擇的碼表A或碼表B。

受試者一旦成功，大腦就會愉快且積極地運作，同時顯示+4的數值。然而一旦失敗，大腦就會消極運作，並顯示-5的數值。

上述數值代表失敗的沮喪感比成功的喜悅感更為深刻。

在第二個測試組中，由受試者自行選擇喜歡的碼表進行挑戰，並同樣讓受試者在認為「五秒到了！」的時候，停止碼表。

結果，有趣的事情發生了。即使受試者成功在五秒鐘時停止碼表，大腦也不會過於高興。

數值只顯示為+1。另一方面，一旦失敗，數值非旦沒有顯示為負數，反而變成了+4.5。

換句話說，儘管失敗了，但大腦卻給出和使用電腦所選擇的碼錶挑戰成功時同樣正面的反應。

使用自己選擇的碼表挑戰，即使成功了，大腦也不會感到高興。**相反地，失敗時大腦卻更快樂。**到底為什麼會有這樣的結果……？

## 遊戲一直無法破關時反而更「high」

這裡我們可以了解到一件事。大腦是否感到快樂「取決於個人的自我決定感」。

使用電腦選擇的碼表進行遊戲，並沒有自我決定感。

沒有自主決定感時，如果進展順利會感到高興，失敗則會感到沮喪。換句話說，人們只看結果就會時而高興時而憂愁。

另一方面，如果是自己選擇碼表的情況又是如何呢？即使成功了也不會太高興，因為是「使用了自己選擇的碼錶去挑戰，所以理所當然會成功」。

那麼，為什麼失敗後大腦反而會正向運作呢？很顯然地，在失敗的瞬間，大腦似乎就開始思考：「該怎麼做才能成功？」

換句話說，對大腦來說，一個全新的遊戲已經展開。遊戲無法破關時會更引人入勝，不是嗎？我想你應該也有這種印象吧！覺得：**「可惡，居然破不了關！真有趣，超讚！來試看看吧！」**我們的大腦也是如此。

我也特別注意到，反過來說，根據這項實驗的結果，我們可以知道一件事──**失敗時，大腦變得負面就證明沒有自我決定感。**

當沒有自我決定感，通常是基於「義務」去完成一件事。

就像是「因為每個人都這麼做」「因為有人告訴我要這麼做」。

要確定一個人的行動是基於義務還是欲望非常簡單。舉例來說，當一個想要事業成功的人向我諮詢，我會問他：

「如果事業不順，你會怎麼想？」

「很傷心！」「很生氣！」「很沮喪！」

這種負面情緒的出現，本身就證明了這個人並沒有自主決定感。對於希望愛情順利的人，我會問他們：「如果突然被戀人甩了，你會有什麼感覺？」

「很沮喪！」「很傷心！」

這種情況也是如此，當事者毫無自我決定感。因此我很想問：「你究竟是為何想談戀愛？」

**當事情發展不順遂，是絕佳的機會回顧自己是因為什麼目的而這樣做。**

## 這不是失敗，「只是一個轉捩點」

如果詢問那些具有自我決定感的人：「無法取得好成果，或是自己的目標或願望無法實現時，你會怎麼想？」他們會回答：「我不懂這個問題的意思。因為我不可能不成功。」

因此，我會進一步詢問：「話雖如此，但如果事情發展不順利時，你會怎麼做？」

「那只是這次的做法剛好不順利，**我絕對會找到另一條順利的路。**」

這樣各位明白嗎？具有自我決定感的人，永遠不會認為自己做不到。

請回想上一節中介紹的碼表實驗。和實驗模式B在失敗時的情況一樣，這種類型的人，即使失敗也絕對不會偏向消極。

他們會立即開始興奮地思考：「那麼，要怎麼做才會成功？」在他們心中，一場新的遊戲已經開始了。

## 正因為仍有「動腦的空間」遊戲才有趣

### 壓力本來就是大腦的營養來源。

如果有一個「無論玩多少次百分之百都會贏」的電動遊戲，你還會想要玩它嗎？因為無論怎樣都會贏，所以很快就會膩了。

假設我們開發出一組高爾夫球桿，無論多麼不擅長擊球，都能讓人擊出筆直飛行、乾淨俐落的球。一開始，大家可能會因為非常有趣而購買它，但很快地就會覺得高爾夫球非常無聊。原因是，無論球技多麼拙劣，都能乾淨俐落地擊球，所以再也不用找出擊球的訣竅。

對大腦而言壓力也是如此。在本質上，大腦非常歡迎全速旋轉以尋找新的想法和選擇空間。

## 沒有失敗，只有「目標的墊腳石」

人生中難免都會有些不順遂，也會有無法實現的願望。然而，不順遂只不過是人生過程中的一小部分。

成功的人從「人生目的」的角度鳥瞰事物，因此會去思考，為什麼「事情發展不順」對自己來說是必要的。在後設潛意識中，這樣的人屬於「未來標準型」「樂觀型」「自我究責型」「自我基準型」，以及「可選型」。總之，無論是哪一種類型的人，他們的共同點都是，認為「所有的事情都是由自己決定，別人怎麼說並不重要」。

採用這種後設潛意識的人就是這樣思考。

**「成功是取決自己，而不是別人」。**

## 瞬間改變大腦運作的「神奇語言」

一般人往往是「歸咎他人型」。

「是這個人的錯」「是那傢伙不對」「是那個人這樣說」「果然不可能行得通」……

相反地，成功的人就不同了。「自我究責型」的人即使跌倒了，也會確認**「為何我會讓事情發展的這麼不順呢？」單靠這樣做就能改變大腦的運作方式。**

例如，「歸咎他人型」的語言型態是「事業發展不順」。於是，大腦會以我毫無辦法作為對話前提。

但是，「自我究責型」的語言型態則是「我沒讓事業順利發展」。在這種情況下，大腦會如何反應呢？

「事業發展是否順利也是取決於自己，那我們該怎麼辦呢？」

因此，新的想法和選擇空間就誕生了。

讀到這裡，你就可以理解為什麼「被動型和歸咎他人型」的人的現實無法改變。

如果無論如何都想成為成功的人，就須要跳脫「歸咎他人型」，並將後設潛意識改寫為「自我究責型」。

# 當你不相信「未來將會成功」，就這樣想

當期盼的事情無法順利實現，你對自己有什麼感覺？每當我這樣詢問客戶，我會得到以下的回答：「我覺得自己缺乏能力。」「我覺得因為自己是一個軟弱的人。」

除此之外，還萌生了什麼樣的信念？

「世事果然總是事與願違。」「我想這種事業本來就難以成功。」

換句話說，**隱藏的「真心話」出現了**。本來這句話就藏在心裡，因此不安成為了現實，所以便無法成功。在我的研習中，我會將這句話重組。因此，我會提出這樣的問題。

Q1 當事情進展不順，你會如何看待？

舉例來說，你可以像這樣重新定義它。

「將不順利視為是在提醒你，自己的行動『毫無自我決定感』的反饋。」

「將不順利視為是自己須要再次重新調整目的。」

「將不順利視為是在提醒自己使用了毫無用處的信念，像是自己沒有能力、我是一個軟弱的人、人生不可能稱心如意等。」

Q2 下次再發生類似情況時，自己會怎麼做？

舉例來說，可以考慮這麼做。

「從自我決定感的觀點，審視自己真正想做的事情是什麼。」

「重新定義自己發展事業和談戀愛的目的。」

「處理自己創造出我沒有能力、我很軟弱，以及人生無法稱心如意等信念的記憶。」

先思考出這些解決方法。然後，如果發生了自己想要避免的情況，或是願望無法實現的情況，就從當中找出目的。

「願望沒有實現是為了讓自己注意到目的錯誤。因此，即使看起來是一件負面的事情，但它一定會讓自己進化和成長，將它視為開發新方式的反饋。開發出新的方式將引領世界進化和發展，所以我做了『現在無法實現自己願望』的事。」

像這樣賦予自己自我決定感。換句話說會認為「現在願望沒有實現」是具有意義的。讓自己保持在無論願望是否實現，都擁有自我決定感的狀態。如此一來，可怕的事情將會從人生中逐漸消失。

# 「成功率百分之百」的搭訕法則為何？

關於前一節提到了「讓自己保持在無論願望是否實現，都擁有自我決定感的狀態」。我曾經親眼目睹過一個有趣的例子。

那是我在很久以前，學習催眠療法時所發生的事情。我參加了一個為期一天且只有八名學員的小型研習會。研習會中有一名棕色頭髮、穿耳洞，感覺有些滑頭的男性。事實上，他不僅外表如此，就連自我介紹時也不經思考的說出：「我是池袋搭訕大師。」起初我認為：「這個人真是輕浮，是我不喜歡的類型。」

接著到了午餐時間，所有學員都去吃飯了。於是，我出於好奇與他聊天。

梯　谷：「你說你是池袋搭訕大師對吧？」

搭訕大師：「沒錯，我每天都會在池袋車站前向人搭訕。我定下要一天搭訕一百人的目標。」

梯　谷：「一天一百人？太厲害了！那麼搭訕的成功率是多少呢？」

搭訕大師：「搭訕一百個人，看看是否有一個人是行得通的？那麼我的成功率大概是1%。一直到我改變了搭訕的方式。改變方式後，現在成功率提升到了20～30%呢！」

梯　谷：「欸！你到底做了什麼改變，成功率竟然提升那麼多？」

他和我解釋說，搭訕用語和搭訕方式本身完全沒有改變，只不過**在搭訕女性前多加了這樣一句話：「我現在要搭訕妳，但請一定要拒絕我！（笑）」**

做出預先通知後，再開始說出像往常一樣的搭訕用語。這樣一來，對方似乎也因為被逗樂了而跟著搭腔。成功率因此提升到20～30%。聽到他這樣說，我認為：「這個人並非只是個輕浮的男子，倒不如說是個天才。」（笑）。

## 他這樣「暗示」自己

這正是我剛才話中出現的機制。到底是怎麼一回事？讓我更詳細地說明吧！

這名男子最初的目的是搭訕。只要能夠和對方搭到話就算是成功了。由於一開始他自己先說了：「請一定要拒絕我！」所以，即使被拒絕也是成功了。換句話說，**無論結果如何，對他**

來說都算成功。當然如果成功就非常幸運。但是，即使被拒絕也並非失敗。因此，他並不會感到沮喪。這就是賦予自我決定感的方式。賦予自我決定感後，將讓人萌生無論結果如何都算是成功的信念。因此就會意識到「自己只會成功」，並真的開始在現實中取得成功。

像這樣，即使事情看似失敗，只要自己設定一項賦予自我決定感的機制，大腦就會意識到，無論結果如何都算成功，現實狀態的動向也將隨之改變。

# 每一天都充滿快樂和成就感的方法

當你把想得到或想執行的事情付諸行動，如果在不知不覺中浮現「我必須……」的真心話，這件事就變成了義務。

「啊！早上了，我必須起床了」「啊！已經中午了，我必須吃點東西了」「啊！我必須刷牙了」……

這些話的背後都有一個前提，那就是：「我總是被『一些看不見的東西』所左右。」

這就是「義務」。因此，最終無論自己得到什麼或完成什麼，都會意識到「這不是自己真正想要的東西」。所以，即使自己不斷努力，人生中也只能感受到痛苦。

**和「義務」相反的「欲望」則是單純因為自己想做而做。**

「來吧！今天也為了這個目的起床吧！」

「今天刷牙也是為了這個目的而刺激大腦，好浮現出想法來。」

以欲望為前提行動的人具有這樣的意識。

自己是否會不經意地脫口說出：「啊！我必須……」那麼，「義務」的感覺會愈來愈強烈，所以請一定要注意。我在這裡介紹一個方法，幫助各位輕鬆將後設潛意識從「義務」改寫為「欲望」。

## 勝負「從早上醒來的瞬間」開始

首先，當你醒來，仔細審視自己一整天要做的事情。其實，光是「早上起床」這件事，對很多人而言已經是一項義務了。

早上時，你是否會不經意地喃喃自語：「×點了，我必須起床了！」此時，就像是在說：「來吧！今天一整天的義務又開始了！」自己的一天究竟被誰任意擺佈著？並不是取決於自己，而是持續被「什麼人」任意擺佈著。如此一來，你將會身心俱疲吧！

許多人早上起床時都會刷牙吧！那麼自己是為何而刷牙呢？

「因為，如果蛀牙就要請假接受治療。如此一來就會造成同事的麻煩，會被討厭，自己也會心情不好。」

這全都是出於「迴避問題」和「義務」的動機。

有些人會看報紙吧！那麼自己是因為什麼目的而看報呢？

「因為討厭在辦公室裡跟不上大家的話題；討厭和客戶交談時跟不上世界潮流。」

這也是出於「迴避問題」和「義務」的動機。

透過這種方式，**仔細審視自己一整天要做的事情，逐一確認自己是出於義務還是欲望而做這些事情**。然後，你應該會發現，自己多半是出於義務才做這些事情。導致工作和人生變得痛苦不堪。

我們須要把動機從「義務」改變成「欲望」。

就我來說，當我早上起床，如果不小心喃喃自語說出：「啊，必須起床了！」我會再次回到床上，並且小聲跟自己說：「來吧！我今天是為這些事情感到高興和感激而醒來。」才起床。

如此，**我就能在「今天還有開心和感激的事情在等著自己」的前提下，開始一天**。

## 將日常不經意的行動和欲望連結起來

一切都從你醒來的那一刻開始。自己是為何而刷牙？

「我有這樣的人生目的、這樣的欲望，並為此做這樣的工作、為此而刷牙。透過刷牙刺激大腦，讓想法更容易湧現，進而實現讓事業成功的人生目的。所以，我今天才刷牙」。

無論什麼事都以這樣的方式進行。

那麼，你為何而吃飯呢？不是「因為肚子餓了就活不下去」。

「攝取米飯中的醣分讓養分進入大腦，改善血液循環，激發出更多的創意，讓事業成功，進而實現人生目的，所以自己才會吃飯」。

看報紙也是如此。

「自己是為了實現人生目的而做這件事。為此而了解世界潮流，以及發覺別人尚未注意到的世界潮流背景並先發制人，率先展開事業。如此一來，將能實現自己的人生目的，所以自己才會看報紙」。

像這樣，將所有行動和「欲望」連結起來。

## 將「義務」更換為「欲望」的意識革命

## 讓我們回想大型連假後的心情

大約在頭兩週，有意識地小聲對自己說出目的，然後付諸行動。如果每天都這樣做，即使把腦袋放空，念頭**也會開始自動運作**，像是「就這是自己吃飯的目的」「這就是自己看報紙的目的」。因此會覺得「又離目標更近了」「又離實現目標更近一步了」「每天都很快樂」，每一天都變得更加有趣。

反之，如果是從「義務」或是「迴避問題」開始，就會變成「又是痛苦的開始」「週末假期能不能快點到來」。

在大型連假後，電視台經常會採訪在機場和新幹線月台上的人們。採訪記者通常會提出這樣的問題：

「你現在的心情如何？」

「一想到明天就必須回到工作崗位上，我就感到很沮喪。」

每年當我看到那種樣子都會非常擔心：「他們是基於義務而工作嗎？希望他們不會身心俱疲而損害到健康才好。」

以上是否說中了你的心聲呢？如果有稍微令你感到衝擊，**我希望你可以確認自己的目的方向是基於義務還是欲望**。

# CHAPTER 5

# 隨心所欲改變現實狀態需要知道的事情

利用大腦反向運作的基本特性

# 「被大猩猩扔中糞便而感到高興」的故事所帶來的啟示

想像一下你到動物園約會。當然，你非常努力地打扮了一番。當自己和戀人一起去看大猩猩，大猩猩仍出了糞便。然後你漂亮的衣服「啪」的一聲沾到了大猩猩的糞便。

這時候你會怎麼想？

「這個混蛋，竟然丟出糞便！」

如果是我，肯定會崩潰到理智線斷掉吧！特地穿了一件漂亮的衣服卻被弄髒。或許會難過到想要回家。

但是，讓我們冷靜下來環顧四周。在其他參觀者中，竟然有人因為被仍中糞便而感到非常高興。當大猩猩做出手勢，想要扔出糞便，有人甚至為了被擊中而特地往前移動。

你覺得他們到底為什麼會那麼高興？

## 「滿心期待的食物」在眼前售完

有一家廣受各家媒體報導，相當受歡迎的餐館。

你一心想要吃到電視上介紹的料理，因此決定到餐館門口排隊。

在排了兩個小時的隊時，排在你前面三人中的頭一位客人走進了餐館。

「太好了，只剩兩個人。」當你正感到開心，店裡的人突然走出來說：**「不好意思，今日餐點已經販售完畢。」**

此時你會怎麼想？

應該有人會感到相當氣憤吧：「明明特地排了兩個多小時的隊。」應該也有人會責怪自己吧：「自己的運氣果然很差……」或許也有人會感到內疚：「因為我是個沒用的人，所以受到了懲罰。」

然而，其他客人中卻有人這樣說，並且感到十分開心。

**「今日餐點已經販售完畢了嗎？真幸運！」**

他們為什麼會感到開心呢？

## 隱藏在看似奇怪反應中的「意外背景」

你認為這是一個無稽荒謬的故事嗎？

但是，大猩猩的故事在新聞中播報過。當我看到這則新聞，我想：「**我明白了！**」某些人在動物園裡被大猩猩扔中糞便而感到高興；某些人在餐館前排了好幾個小時的隊，卻在聽到：「不好意思，今日餐點已經販售完畢。」後，依然開心地說出：「真幸運！」

那些人為什麼會感到開心呢？

舉例來說，如果那間餐館的官網上這樣顯示會怎麼樣呢？

「作為賠禮，我們將支付在店鋪前排隊超過一小時，卻因為餐點販售完畢而無法用餐的顧客，每人一百萬日圓。」

知道商店的規則後，若你排了兩個多小時的隊伍並被告知：「不好意思，今日餐點已經販售完畢。」當然就會變成：「這代表自己將會獲得一百萬元！太棒了！」你不覺得嗎？

看到「有人因為被大猩猩扔中糞便而感到高興」的新聞，我一開始感到非常不可思議。到底是什麼樣的人，是因為什麼目的感到高興呢？

當看到後續報導，並聽到這個人的理由後就明白了。

**被糞便扔到而感到高興的人是一名考生。**換句話說，這名考生很開心「好運上身」討了個吉利。這就是為什麼他很高興能被大猩猩扔到糞便的原因。

我們得知，即使發生相同的情況，只要背後的前提、規則或是資訊改變，喚起的反應和行為就會截然不同。

**圍繞在自己身邊的前提和規則就像人生的容器，會下意識地決定一個人的行為。**

## 現今「基因可以改變」是常識

「表觀遺傳學（epigenetics）」是生命科學的新概念。近年來，日本陸續出版了許多這方面的相關書籍。表觀遺傳學成了受人關注的領域。如果要約略解釋其內容，大概會是：

「環境、生活方式、飲食以及人際關係等後天條件將能改寫基因。」

直到大約半個世紀前，「基因無法改變」的觀念一直是主流。然而現今，**周圍環境能夠改變基因的運作方式正逐漸成為常識**。

雖然基因是從父母繼承下來，但是會受到周圍蛋白質的影響，而蛋白質則受到覆蓋它的細胞所影響，細胞又受到它周圍的環境所影響。由此可見，自己是基於何種前提行動，將改變基因最終的運作方式。

如果以我的方式解釋「環境可以改寫基因」的情況，將會變成這樣：「如果環境（文化、規則）可以改寫基因，我們應該就能利用它來改變現實。」

換句話說，**透過更換我們背後的「前提」，就能改變被潛意識喚醒的話語，也能改變行為和現實**。

現實會因為沒注意到這個背後的「前提」而變得僵化。

「自己的現實情況不會輕易改變。」

「我想改變自己卻無法改變。」

愈是這樣想的人，我愈是希望他們能夠重新審視自己的「人生容器」現在的樣貌和前提。

# 現實是依照「真心話」創造而來

真心話是一個前提，並且會形成一個無形的潛意識容器。**現實是依照這個容器的形狀顯現並出現在眼前**。

過去，有一位女士任職於一流上市公司，她因為罹患卵巢癌而前來找我諮詢。該公司正在進行支援女性走入社會的專案，而且她是專案的負責人。我向她提出以下的問題：

「一開始妳是為什麼想支援女性走入社會？」

「如果女性活躍於社會，日本和世界都會更加光明。我覺得這是一件很棒的事情。」

「的確是這樣沒錯……那麼，我再問一次，為什麼妳會想支援女性走入社會？」

「我想提高女性的價值。」

換句話說，原本她認為「女性的價值非常低」**的「真心話」就隱藏在其中**。

「妳想到女性價值非常低時，腦中浮現的是什麼形象？」

「這麼說來……在我的家鄉，「男尊女卑」的偏見依舊根深蒂固存在著。事實上我父親常說『女生沒有用』。」

年幼的她看到這種情況，因此有了這樣的信念。

「沒錯，女性的價值非常低，因此必須提升女性的價值。」

我確信是因為大腦朝迴避問題的方向強烈地運作，所以她的身體才會罹患卵巢癌。因為卵巢是生孩子的器官，也象徵著創造新事物的女性氣質。

「不允許自己創造新事物。不允許自己提高女性價值。因為自己是一個毫無價值的人。」

大腦像這樣朝損壞卵巢的方向運作，以拋棄自己的女性氣質。她的卵巢癌可以說就是來告訴她，自己有這樣的信念。

**導致疾病的因素之一，就是束縛自己的自我形象和主觀臆斷，以及將它們創造出來的大腦運作方式。**

事實上，根據我作為心智教練的經驗，我和罹患卵巢及子宮等婦科疾病的客戶進行諮商，並深入探討她們的內心深處時，發現有非常多案例都隱藏了對女性氣質的否定。

## 為什麼「自己想要變強」的願望非常可怕？

當我和客戶進行諮商，也很常聽見「自己很軟弱」的「真心話」。從表面上看，這些人開始認為自己「想成為強大的人」。於是，潛意識會變成：「只要創造一種情況，讓自己可以不斷說著『想成為強大的人』就好了。」

然後，這樣的現實就真的被創造出來。

舉例來說，「要讓自己成為弱者。為了保持弱者的形象，於是找了一家黑心企業。潛意識認為，一旦進入這家公司，就會把自己視為一個弱者」。然後，便進入了黑心企業，開始體驗「自己果然是個弱者」的現實。

像這樣，「真心話」才能創造現實。

## 首先，「自己決定」想成為什麼樣的人是實現願望的捷徑

並非有因才有果。因果的關聯性在於**原因是依照結果創造而來**。這就是「大腦的反向運作」。

因此，**如果想要改變現實，捷徑就是改變自己的「真心話」**。

例如，讓我們換個「自己具有價值」的「真心話」。具有價值的自己感覺很好，所以試著表現具有價值的自我吧！因此，會自然而然地與其他人分享自己身上富裕的價值。如此一來，周遭的人也將開始認可：「○○是非常好的人呢！是具有價值的人呢！」。

不要弄錯順序。不是因為周圍的人認為「這個人具有價值」，所以那個人才具有價值。相反地，**本人要先決定「自己是有價值的人」才是重點所在**。因此，要把認可自己價值的人，自然地聚集在自己周圍，或是找一份可以表現自己價值的工作。如此一來，自己將逐漸被周圍的人認可：「這個人是有價值的人。」

現實會依照「真心話」做好準備，但世界上卻有許多人忽略了這一點。這些人只看見他們眼前的現實。因此，在他們心中，人生沒有成為一個故事。這就是為什麼他們無法解決人生中的難題。

但是，**如果從「結果」（未來）來推測，任何人都能夠解決人生中的難題**。這就是大腦的機制。

# 自己的現實狀態全是自己創造的影像

回顧上一節的內容。「前提」是一個裝入現實的「人生容器」。一個人最初是如何解釋人生，將會改變結果。

當真心話成為前提，並成為人生的容器後，就會影響現實。

舉例來說，一旦裝入「孤獨是壞東西」的容器中，孤獨感就會採取「我必須表現得像是個壞人」的立場。

但是，一旦裝入「孤獨是必需品」的容器中，「為了問自己是為何而活，或是為了擺脫周圍價值觀的左右，絕對需要孤獨」。在這些情況下，**孤獨感就會表現得像是必需品**。

一般來說，大家會認為有因才有果。但是這個想法大錯特錯。**是一開始就有了結果，而原因（現實）是依照這個結果被創造出來的。**這也是為什麼我會說：「大腦基本上是反向運作。」

## 只要意識到這一點，現實狀態就會迅速好轉

確定了自己想創造的結果和目的後，就從改變對自己的解釋、對他人的解釋以及對外部現實的解釋開始改變現實吧。

舉例來說，因為有「我是沒用的人」「我很軟弱」「我毫無價值」這樣的解釋，大腦就會收集「我果然毫無價值」的證據，並創造這樣的現實。

人際關係也是如此，不是嗎？舉例來說，假設你是一名經營者，如果你相信「這名員工一點用處都沒有」，那麼對方就會像你「期望」的那樣，表現得像個沒用的員工。因此，如果你想改變現實，重點在於先從改變你內心的解釋開始。

# 當我決定「成為這樣的人」後，為什麼開始變得順利了？

自我形象（自我意識樣貌）就像一個人的「隱形招牌」。表面看起來似乎沒什麼改變，但是**現實會依照你所背著的招牌做出反應和變化**。

一位顧問開辦了研習會和個人諮詢。但是，即使努力吸引客戶，也只有約兩成的人參加，因而煩惱不已。

她前來找我諮詢時，我試著問她這樣的問題。

「無法順利吸引客戶時，妳對自己有什麼看法？」

「我覺得自己能力不好……」

「我明白了。妳想到自己沒有能力時，腦中浮現的是怎樣的自我樣貌？」

「我聯想到了孤單的自己。這麼說來，我一直有一種『自己是孤獨一人』的感覺！」

「原來如此。當想像到孤獨一人的自己，她腦海中又會浮現什麼樣的景象？」

「可以看見我在一個漆黑的房間用雙手抱著膝蓋，並且變得愈來愈渺小。」

「可以看見四周有什麼東西嗎？」

「我看見圖中的大人們指著我竊竊私語。」

大人們圍在自己四周，指著在一個漆黑的房間內，用雙手抱著膝蓋、變得愈來愈渺小的自己竊竊私語。她的五感資訊一直離不開「我獨自一人」「我很孤單」等話語，這些話語似乎在她心中成為了強大的信念。

正如我們在上一節和先前反覆提到的一樣，大腦會反向運作。因此，當一個人把焦點擺在「自己很孤單」的自我形象，這種不安就會變成現實。

「妳想要不斷說著：『我不想要獨自一人，我不想變得孤單』。這對聚集客戶這件事來說是很困擾的。」她的潛意識其實一直都在這麼運作著。

## 像編輯電腦圖像一樣，編輯腦中的形象

因此，我決定用這種方式處理並重寫她腦中「自己用雙手抱著膝蓋的記憶」。

「妳抱持的形象是在一個漆黑的房間，用雙手環抱膝蓋坐著。那麼假設最亮的程度是十，

這個形象的亮度是多少？」

「二。」

「我明白了。**就像在電腦上編輯圖像一樣，讓我們一點點地增加亮度。**首先，請試著將亮度提高到四。現在變成什麼樣了？形象的樣貌改變了嗎？」

「圍在我周圍竊竊私語的大人們停止說話了。」

「有一些變化了。讓我們再把亮度提高到六！」

「周遭的大人們和我說話了。」

「原來如此，這很有趣！請讓形象中坐著的自己站起來，並且把亮度調到八。現在有什麼變化嗎？」

「在形象中，我正在跟大人們說話。」

「有非常大的改變呢！」

像這樣改寫記憶並結束研習後，我決定觀察她一段時間。接著在兩週後，她來找我，並向我報告說：**「老師你辛苦了！我所舉辦的研習會和個人諮詢馬上爆滿了。」**

「過去兩週妳做了什麼？」

「我只是跟我認識的人說：『我舉辦了這樣的研習會，大家要來嗎？』」

## 自我形象的變化改變了我們的行為，也改變了現實

這個案例中，這名顧問的心中存有「我獨自一人在黑暗中」的記憶，這形成了她的自我形象。於是現實就依照這個自我形象運作，讓她獨自一人。周圍的人回應了她身上「我獨自一人」的「隱形招牌」，所以不會靠近她，讓她獨自一人。

然而，這名顧問將自己的自我形象重寫為「如果有必要，我會自己主動和對方攀談」。因為「我就是這種人」的自我形象瞬間重寫了，所以喚起現實行動，至今從未接近過她的人都聚集而來。

事實上，她一直熱衷於製作官網和傳單以吸引客戶，但卻似乎從未主動和其他人攀談。她在不知不覺中改變了做法，並主動和對方攀談：「我這次要舉辦這樣的活動，你願意來嗎？」因此，對活動感興趣的人開始增加，也開始出現實際造訪的客戶，活動最終變成了座無虛席。

**「我就是這種人」的自我形象，就像電影一樣被投射到外部世界，並創造出如同這個自我形象的現實。**

因此，只要重建影像，與它相關的語言就會改變，被喚起的行動也會改變。

## 「從容易被孤立的人」到「被愛和被需要的人」

舉例來說，我會問那些覺得「自己毫無價值」的人，自己具有什麼樣的形象？我也問了先前的那名顧問，但答案通常都是這樣：

「自己一個人在漆黑的房間裡，無精打采地雙手抱著膝蓋哭泣。」

「大人們圍繞著渺小的自己，同時，一邊指著自己、嘲弄著自己。」

即使表面上表現得相當開朗，但在本人的內心深處卻有著這樣的形象和陳舊記憶。

在研習中，我要求他們一同進行一項作業，並透過改變亮度，把自己放大來改寫記憶中的形象。更改「次感元」，或是與形象相關的屬性。

某次，我們得到了這樣的形象。

「請將周圍的大人們放在手掌上，用手裡的溫暖和光療癒他們。你認為療癒別人的自己是什麼樣的人？」

「我是愛。」

回答的人曾經一直抱持著「自己孤獨一人」「自己在房間的角落雙手抱著膝蓋哭泣」的自

我形象，卻開始說出這樣的話。

此外，還有人說出「我是光」「我是治癒者」。

如此一來，「自己是誰」的記憶和自我形象瞬間發生了變化。

這麼做究竟會發生什麼事情呢？過去總是孤獨一人的客戶，身邊的人開始這樣看待他。

「○○是一個非常深情的人。」

「和○○在一起就會被療癒。」

就像這樣，**身邊的人對自己的反應確實開始改變**。

因為本人的自我形象已經改變，情勢從被說成是「很黏人」的人，或是人人敬而遠之的人，轉變為得到他人感謝的人。

做著同樣的事，但前提不同，結果就完全不同。

# 動機是「迴避問題」就行不通，重要的是你有什麼問題？

舉例來說，假設辦公司裡有A、B兩名經理。他們將工作託付給C。

A經理對C說：「C，你能在本週末前完成這份文件嗎？我要用在下週一的會議上，謝謝。」

C說：「好的，我會如期完成。」但是實際上卻沒有在截止日前完成文件。接著，B經理也對C說：「C，你能在本週末前完成這份文件嗎？我要用在下週一的會議上，謝謝。」

C回答「好的」。而這次，C不知為何在截止日前完成了文件。

A經理和B經理都對C說了同樣的話，但究竟有什麼不同？以下，讓我們和兩位經理確認一下！

「A經理，你為什麼要C在本週末前完成文件？」

「因為如果那份文件無法及時完成，會影響到我的升遷，而且我在會議上會很丟臉。」

**A經理將工作託付給C，以迴避自己的擔心和不安。**即使沒說出口，任何人都能不經意地察覺背後的心聲。

「A經理擔負不了後果……跟隨這樣的人並沒有未來（那就來犯一些低級的錯誤吧！）」

因此，潛意識試圖扯後退。

很討厭犯錯，不想丟臉。換句話說，A經理其實認為自己是「會犯錯的人」「可恥的人」。

這就是為什麼C無法按時完成文件的原因。

像這樣，A經理創造了一個符合結果的原因。換句話說，**A經理把自己的問題和不安變成了現實**。另一方面，B經理的情況又是如何呢？

「B經理，你為什麼要C在本週末前完成文件？」

「我想藉由我的工作創造一個這樣的世界。作為實現該目的的一環，我想這樣培養C。所以我告訴C，這個週末要確實完成文件。」

若以這樣的想法傳達指令，C也會一下子就做出反應。

「B經理想要培養自己。我想報答他的苦心。」

即使A經理和B經理看起來似乎說了同樣的話，C的反應卻會因兩者發言的前提而有巨大的變化。事實上，這就如同後設潛意識和現實的關係。**後設潛意識會成為一個人的「隱形招牌」。**

現實正仔細看著你背上的「隱形招牌」。然後，人們的行動會發生變化，會創造出原因，以符合這塊「招牌」和結果。

## 創造出符合自己背上「招牌」的現實

原因是為結果而創造的。

因此，C的例子就告訴了我們如何利用這項定律。

像A經理一樣，以消除自己的擔心和不安為目的的狀態，就像背著一塊寫了「我充滿不安」，和「我不想丟臉」的招牌。然後，符合這塊招牌的現實就會被創造出來。

認為「那些毫無價值的人很討厭！自己必須成為一個有價值的人！」而開始行動，結果卻被別說成是「很黏人」，或是「離我遠點」，因而引起了「我果然因為毫無價值而被甩了」的現象。

**一旦潛意識地以出於「迴避問題」的動機行事，下屬就不會聽自己的話，或是就會被戀人**

說很黏人而被甩了，又或者會製造出各式各樣的問題。

## 提出對「除了自己以外的人」也有好處的問題

那麼，設定什麼樣的真心話會有效果呢？

簡單來說，答案就是「你問了什麼問題」。

B經理的真心話中包含了：

「我想創造一個這樣的世界。作為實現該目的的一環，我想這樣培養C。」

因此，B經理會提出：「該怎麼做才能順利進行」的問題。

舉例來說，像是提出「當世界因為新冠肺炎疫情而疲憊不堪，該怎麼做大家才會感到安心？該怎麼做世界的趨勢才會改變？」的問題。如此一來，你背上的「招牌」就會改變。

大腦會客觀地觀察動靜，所以會開始這樣看待你：「這個人是拯救世界的人」「這個人是改變世界的人」「這個人會為世界帶來安全感」。如此一來，為了符合這些設定，現實將開始做出反應。

「和這個人在一起有一種安全感。」

「這個人似乎會讓世界變得更美好。」

**「出於這個原因，我們必須為這個人帶來一些有用的資訊。」**

**開始發生各種現象。**這就是「現實在變動」。

那麼，提出哪種問題會有效呢？

**必要條件是對自己和第三者都有好處。**

請回想開頭的例子。A經理只關心自己，他的目的只是想消除自己的不安和擔心。

相反地，B經理是這樣想：

「我想創造一個這樣的世界。我想像這樣讓世界變得有趣。該怎麼做才能實現這個願望？」

只要像B經理一樣提出這些問題，大腦就會做出反應：「這個人是讓世界更有趣的人。」

而且在現實中，這個人所需要的資訊和資金也會開始聚集過來。

像這樣，「提出什麼問題」是非常重要的一件事。

# 「問題」規模愈大愈好

我們已經說過：「原因是為結果而創造。我們須要問自己想創造什麼樣的結果。」

**此處須要注意的是問題的「規模」。**

一般人的問題充其量應該只是這樣：

「該怎麼做才能擺脫經濟上的不安？」

「該怎麼做才能被別人喜歡？」……這不是一個好的問法。

我們說過，「真心話」會成為現實。

因為有一個「自己對金錢感到不安」的前提，所以問題會變成：「該怎麼做才能獲得金錢？」並背上「自己對金錢感到不安」的招牌，因而創造出對金錢感到不安的現實。

因為有一個「自己不受人喜歡」的前提，問題就會變成：「該怎麼做才能被人喜歡？」並背上這樣的招牌，因此真的會變得不受人喜歡。

**就像這樣，一般人的問題規模太小。**

那麼，要抱持什麼樣的目的，背上的招牌才會讓人覺得此人是個大人物呢？

愛因斯坦曾經說過：「我想知道上帝是如何創造這個世界，我對元素光譜不感興趣，這是一種現象。我想知道的是上帝的思想，其他都是細枝末節。」（《アインシュタイン150の言葉》）暫譯：愛因斯坦的一百五十句經典名言）」。

我認為他想說的是：「我不在乎科學，我只是使用『科學』的方式來了解上帝的意圖。」**闡明科學不是愛因斯坦的目的，他的目的是更高層級的。**我認為，這就是為什麼愛因斯坦收集了那麼多的資訊，也產生了一些想法，並取得了巨大的成就。

我自己則是從幾年前就開始提出這樣的問題：「宇宙是因為什麼目的而創造出人類？」

人類終其一生中只使用了百分之五～十的大腦。因此我認為，如果我們可以了解宇宙是因為什麼目的而創造出人類，也許就能開發出一些不同的方法，以使用其餘百分之九十～九十五%的大腦。而我想親自體驗這些不同的方法，也想把這些方法留在世界上。

那麼，大腦會如何看待我的問題呢？

**「這個人正在思考一件非常重大的事情，所以自己必須幫他收集資訊、召集人員、籌集資金。」**

如此一來，有趣的事情真的開始發生了。

具體的情況是，我一開始提出這個問題後，就立刻不斷出現各種資訊和新型態的工作機會。

然後，從二〇二〇年二月左右開始，新冠肺炎疫情爆發引起騷動。在日本政府是否發布緊急事態宣言仍處於未知狀態時，我又提出一個新的問題。

我不斷詢問自己的大腦：「現在世界需要什麼？」而不是提出：「該怎麼做才能避免感染新冠肺炎？」如此瑣碎的問題。

於是，大腦開始這樣看待我：

「這個人是拯救世界的人。這個人是為世界帶來改變的人。」所以，我背上的「隱形招牌」也變大了。因此，我收到了許多比以往更具規模的工作機會。

「在這種情況下自己該怎麼做才好？」或者「這種症狀的背景是什麼？」不僅在日本，我也開始接二連三地收到國外醫務人員的諮詢。世界真的開始回應我的提問。

就像這樣，根據自己提出的問題，大腦會識別出「這個人是哪種容器的人」，並製作招牌，而周圍的人也會做出相對的反應。

我再次聲明，「是否真的能做到」並不重要。

因為它只是一個製作自己招牌的手法，所以問題的規模愈大愈好。重點在於你提出了多大的問題。

## 我斷定「不需要任何根據」的理由

「被喜歡」和「被討厭」，本來也沒有任何根據。

同樣地，「有能力改變世界」和「沒有能力改變世界」兩者本來也沒有任何根據。因此「是否真的能做到」並不重要。

**「自己是為世界帶來這種變化的人。」——是的，我希望你能夠自己決定。**

而且，這個人是否是這樣的人將取決於提出的問題。然後，現實將開始依照「自己是這樣的人」的結果被創造出來。

## 198

# 試著封印「我可以、我無法」的說法

你平常是否會不經意地脫口而出「我可以、我無法」？

會做這份工作是因為自己似乎可以做到；不做這份工作是因為自己似乎無法做到。

會談戀愛是因為和這個人在一起似乎會很順利；不談戀愛是因為似乎不會順利。

「我可以、我無法」的說法是把焦點擺在結果！換句話說，大腦會認為：「如果不順利，你就不會這樣做嗎？那就代表你不是認真想做這件事的吧！」

當平常習慣使用「我可以、我無法」的方式說話，「這不是自己真的想要做的事情」，就會變成這個人看待現實的前提，並在不知不覺中形成「自己的人生無法心想事成」的想法。因此，生活方式會變成「被動」和「歸咎他人型」……很容易會發生這樣的事情。

## 「自己無能為力」的信念從何而來？

當一個人的生活方式變成「被動」和「歸咎他人型」，會變成什麼樣子？

**「自己的人生被看不見的東西所左右」的感覺和前提將就此誕生。**然後大腦開始判斷「反正什麼都做不了，所以待著不動會更安全不是嗎？」並真的創造出這樣的現實。

當總是被看不見的東西左右，「自己無能為力」的信念會愈來愈強烈。

自己無能為力，因為結果並非由自己決定，而是取決於看不見的力量。大腦就會做出以下的結論：「那麼，就讓我們待著不動！」

這和罹患失智症的過程非常相似。失智症會讓認知功能衰退，讓身體無法動作。

為了避免這種情況，我們須要使用「我想做、我不想做」的說法，而不是「我可以、我無法」的說法。

不管是否真的能做到，結果是什麼都無所謂。

「因為自己想做而做，因為自己不想做就不做，完畢。」就是這樣而已。

## 「因為重視自尊心所以沒用」的論文想傳達什麼

在《哈佛商業評論》（*Harvard Business Review*）雜誌上，曾刊載一名加州大學教授的投稿，投稿的標題非常獨特，標題為「因為重視自尊心所以沒用」。

我實際讀了這篇投稿後，非常贊同這篇投稿的內容。

世界上有許多人非常執著於做得到還是做不到。一旦執著於自己做得到還是做不到，當試圖採取行動，往往會做出「因為似乎可以做到所以才做；因為似乎無法做到所以不做」的判斷。但是，會這樣做的人並非領導者。因為失敗和行動有關。如果你只是為了做而做，失敗了，只要原諒自己就好。

那篇文章大致內容是這樣。

如果重視自尊心，就會不想感受沒用的自己。所以，會執著於「做得到還是做不到」。自己似乎做不到，因為討厭這樣的自己，所以就不做了。最終陷入這種惡性循環。

這就是為什麼「因為重視自尊心所以沒用」。

相反地，我這樣做是因為想這樣做。如果事情進展得不順利，只要原諒不順利的自己並採

**取下一步行動就好**。就只是這樣。

只須要思考順利的因素是什麼？不順利的因素是什麼？下一步該怎麼做才會順利？這已經是老生常談，是非常簡單的事情了。

# 你有多相信「願望理所當然會實現」？

如果平常總是使用「我可以」「我無法」的說法，因為一直把焦點擺在結果，所以會萌生「我無能為力」「世事總是事與願違」等信念。

然後，以這種方式產生的「真心話」會讓不安成為現實，並開始創造自己不想要的現實……

為了避免這種情況，我們須要把確信程度提升至「我的願望理所當然會實現」。

就像只要打開水龍頭，理所當然就會有水一樣，覺得「我的願望理所當然會實現」。

根據腦科學實驗結果顯示，**六成的確信程度是現實的分水嶺**。

「願望會實現」的感覺如果低於百分之六十，大腦就會專注在無法實現的方向，並開始證明：「看吧！這果然行不通。」

相反地，「願望會實現」的感覺如果超過百分之六十，大腦就會開始證明：「看吧！這果然會成功。」

關鍵在於確信程度是低於百分之六十還是超過百分之六十。

**當確信程度較低，大腦會認為反正什麼都做不了，所以就待著不動，並一直忍耐。**

更糟糕的是，會開始說出：「這本來就不是我想做的事。」這就是心理學中所謂的認知失調，為了強迫自己、說服自己才這麼說。

《伊索寓言》裡有一篇「酸葡萄」的故事。一隻狐狸看見美味的葡萄，想要摘下來吃，但卻摘不到。另一隻動物走過來說：「有美味的葡萄啊！」然而，狐狸卻逞強地說：「那個葡萄是酸的，所以你最好不要吃。」這就是認知失調。想要的東西卻得不到，就會說出：「這個東西不好，我很討厭它。」然後試著遠離那樣東西。若確信程度太低，大腦就會開始這樣做。

**如果確信程度低於六成，會開始朝遠離那樣東西的方向行動；如果超過六成，就會開始朝獲得那樣東西的方向行動。**

而你可以自己控制確信程度。

## 「自行設定」恢復健康的機率

我經常讓生病的人嘗試控制確信程度。此處，讓我介紹一個客戶的例子。

我曾經問過一名癌症患者：

「你認為自己的癌症在六個月後消失，並恢復健康的機率是多少？」

「百分之三十吧！」

「為什麼是百分之三十？」

「因為昨天醫生告訴我，已經沒有其他治療方法了。之前聽家人說，家附近的一位鄰居也死於癌症，我已經失去信心了。因此，我的癌症會消失的機率大概是百分之三十吧！」

「我舉個例子，如果你把癌症消失的機率從百分之三十降低到百分之十會怎麼樣呢？」

「我今天就會死了！（笑）」

「那麼，請先調回到百分之三十。這次我們把機率稍微提高一些，請試著提高到百分之五十。你所見的景色和感覺有變化嗎？」

**「我的身體愈來愈輕盈，而且想在醫院裡散步。」**

「讓我們再把機率提高一點，請調整痊癒的機率，現在覺得如何？」

「**我覺得自己一定會痊癒**。躺在醫院的病床上讓我覺得自己有點蠢。」

「讓我們把機率再次調回到百分之三十。我再重新問你。今天早上你想以幾成的確信程度度過？百分之十、三十、五十、八十都可以。你想以幾成的確信程度度過今天早上呢？」

「我想以百分之八十的確信程度度過。」

「那麼，請以百分之八十的確信程度度過今天早上。」

接著，午餐過後我再度詢問他：

「現在的機率是多少呢？」

「百分之五十吧！」

「為什麼從剛才的百分之八十下降了呢？」

「因為剛才醫生多說了幾句話。」

那麼，我們自己再把確信程度提高，讓它回到百分之八十。

我要求他一天三次，分別在早上、中午、晚上確認確信程度。只要配合吃藥的時間，在飯後確認，就不會忘記。

## 「自我意志」和「他人話語」你相信哪一個？

如此一來，反覆控制確信程度會發生什麼事？

一旦認為「自己被看不見的東西所左右」，就無法像這樣進行控制。但是，無論是百分之十還是百分之八十。當大腦發現你可以提高或降低自己的確信程度，大腦就會開始學習「無論百分之幾都好，這是自己的自由」。

最後，因為自己決定「以百分之八十的確信程度生活」，所以大腦開始重新控制自己的身體和心理。

換句話說，這項作業的目的就是為了讓你決定：「自己很健康，罹患末期癌症都是謊言。」

雖然看似過於偏激，但是，我常這樣對客戶說：「即使我是醫師，終究也只不過是別人。」

換句話說，「自己絕對健康」的自我意志，和「你不會好起來」的別人（醫師）的一句話——

## 你相信哪一個？還有你把重心放在哪裡？

到目前為止，我已經說過很多次。

### 現實是依照結果創造而來。

這麼做，「願望理所當然會實現」的感應時間愈長，大腦就會愈努力把它變成現實。

大腦將開始運作：「把它變成現實是理所當然的事情，必須逐漸創造出這樣的身體。」

# 忌妒與放棄是戴著正義的面具而來

自己的價值由自己決定。

我為此奉獻生命。

為此才有過去的經驗。

因為潛意識為我準備了這樣的舞台。

只須要自己決定並從容不迫地生活下去。

像這樣以自己的標準生活時，總是會出現「阻力」。

「這種事根本不可能！」

「這種事太離譜了！」

「這樣做不會太危險嗎？」

「大家都說這是不可能的事情。」

「這應該會違反法律。」

「這有科學根據嗎？」

像這樣，試圖阻止你的人會出現在你周圍的環境中，試圖阻止你做出任何改變。他們的真實身份其實是那些想改變自己，卻因為「改變不了」而放棄的人。這些人會扯你的後腿。我們將之稱為「夢想殺手」或是「悲觀主義者」。

他們說得似乎很有道理。因此，當你面對阻力，可能會變得沮喪。我會說：「忌妒與放棄是戴著『正義的面具』而來。」

但是，永遠不要就此止步。阻力可以說就像一場「考驗」。因為它正在測試自己「想改變」的認真程度。

## 考驗將鞏固自己的決心

這些阻力是為何而出現？

理由在自己的心裡。大腦基本上不會做出無意義的行動，所以會為了測試自己是否認真，而把阻力從四面八方硬拉過來，從不同角度測試一個人的決心。

每一次的測試都會讓自己感到煩惱、讓自己去思考，並把這樣的話從心底硬拉出來。

「我這樣做是出於這個目的，請不要用你們的標準來衡量。」

「你們所說的『可以或不可以』『一般不會這樣做』……這些標準都不重要。」

要透過這種方式明確、肯定地說出自己的目的。

當你這麼做，你的決心會傳達到你的大腦。當大腦發現「這個人非常認真」，就會驟然改變態度，和你並肩站在一起。

「為了實現這個人的願望，必須集合支持他的人，必須募集資金、收集資訊。」大腦會開始收集符合你真正心意的現實。

我一再重申，按照自我基準行動的人會變得更加堅強且有所成長。實際上真的會發生這樣的現實。

## 大腦基本上「想要實現這個人的願望」

只要意識到自己的信念，並決定以「自己為中心」而活，從那一刻起，生活就會發生變化。

**大腦基本上會「想要實現這個人的願望」。**因為對於人類來說，以「真實自我」的身分生活是最大的快樂，而大腦也希望這個人活著是為了完成他所被賦予的角色。

另一方面，不想做無意義的行動也是大腦的真心話，因此，才會從觀眾席上觀察這個人是否是認真想那麼做的。

比方說以下的情況。

假設父母親和小孩約定：「如果下次期末考獲得好成績，我就帶你去主題樂園！」孩子因此很努力地考了滿分。

但是，父母親卻說：「對不起，因為最近工作太忙了，我們下次再去主題樂園吧！」孩子們即使失望，也只能心不甘情不願地放棄。

接著父母親又跟小孩約定：「如果期末考獲得好成績，我就買你想要的遊樂器給你做為獎勵。」孩子又努力考了滿分，但這次父母親卻表示：「對不起，現在買不起樂器。等下次吧！」

如此一來，孩子們當然會認為：「無論自己多麼努力，願望都不會實現吧！」並且，即使下次父母親又說：「如果期末考獲得好成績，就買給你想要的東西！」孩子們也不會當真。

「爸爸（媽媽）只是嘴上說說而已，我再也不會相信了。」

當然這只是一個比方。但是潛意識和你的關係正是如此，所以請認真遵守與潛意識的約定。

決定好「要做」的事情卻不去做，或是儘管身心需要適度休息，卻過度勉強鞭策自己——

「現在不是休息的時候」。

一旦不斷破壞和潛意識的約定，意識指示系統就會變得混亂。就像上述故事中的孩子，潛意識將開始無視外在的自己。

但是，只要外在的自己每次都信守承諾：「都考了滿分。那我們就去想去的主題樂園吧！」如此一來，就能和潛意識建立牢固的信任關係，而且不會因為一些小事就動搖。

如果希望潛意識成為自己的助力，就要讓潛意識學習「**獲得了願望，所以必須支持這個人。**」

如此一來，潛意識將會開始強烈支援外在的自己。

# 大腦在觀察你的「認真程度」

舉例來說，假設A和B都夢想開一間義大利餐廳。A對此表示：

「如果存夠了五百萬日圓，我想實現開義大利餐廳的夢想。」

另一方面，B則是這樣說：

「為了實現開義大利餐廳的夢想，我現在要存五百萬日圓。」

**這兩個人的大腦運作方式截然不同。**

對A而言，存夠五百萬後，打算開一家義大利餐廳，「如果條件無法滿足就不會行動」。

所以，大腦不會把A的願望當真。潛意識的運作方式會是：「我會睡到你認真起來的時候，所以等你認真的時候再叫醒我。」

另一方面，對B而言，因為要開一間餐廳而正在存錢，所以大腦會這樣想：

「已經決定要這樣做了。如果這個人是認真的，就必須給予支援。」

因此，**潛意識將開始朝募集資金和尋找開店資訊及人脈的方向前進**。

這是後設潛意識中所謂的「結果期待型」和「結果行動型」。

前者（A）的行為模式是對於想得到的東西和想做的事情，當條件滿足才會去做。

後者（B）的行為模式則是對於想得到的東西和想做的事情，採取行動以滿足所需條件。

## 試著把潛意識視為「銀行貸款專員」

有些人可能有過這樣的經驗。一般來說，想創業時，經營者通常會向銀行貸款。此時，銀行的貸款專員會詢問經營者這些問題。

「社長你如果無法獲得這筆貸款，是否還會創業？」

A社長回答：

「如果沒辦法借到錢，就沒有足夠的資金，我就不會創業。」

於是，貸款專員便說：「社長，我無法把錢借給你。」

換句話說，貸款專員接收到的訊息是：「如果沒辦法借到錢，就做不了事情。也就是說，你並不是認真的。」

另一方面，B社長是回答：

「如果不能借到錢，我會感到很遺憾。但是，即便這樣，我仍會用其他方式借到錢。即使向親戚低頭或是變賣家當，我也會努力籌到錢。」

於是，貸款專員核准了他的申請：「社長請你好好利用這筆資金。」

我們常聽說這樣的事情。

「貸款專員」會透過提問，測試對方是否認真。

潛意識也會採取和「貸款專員」同樣的行動，不想把精力花在不認真的事情上。所以如果這個人並不認真，潛意識就會先睡個午覺。

一旦把自己認真的心意傳達給潛意識，就能解除自己思想和行為上的限制，發揮出自己真正的力量。

下一章中，我將介紹一個故事。

# CHAPTER 6

# 如何解除束縛
# 你的所有限制

讓每一天都
自由舒適的祕訣

# 216

# 「順利實現願望的人」具備的有趣共同點

一般來說，人們會認為：「愛、幸福和財富能夠聚集而來就太好了！」然而遺憾的是，這些事物並不會聚集到只想著「能夠聚集而來就太好了！」的人身邊。

**為什麼愛、幸福和財富會選擇「我」？這當中需要一個強而有力的理由。**

就像自己背上背著一面招牌。而世界會對自己背上的招牌作出反應，並創造出現實。

舉例來說，假設有A社長和B社長兩名經營者，兩人看起來都有經營者的樣子，而且說著漂亮的話：「我想為社會做出貢獻。」「我想要豐富所有員工的生活……」

然而，A社長的內心對自己公司的員工卻存在這裡想法：

「想讓他們為了我的私慾私利而工作」，或者「想讓他們為了緩解我生活中的焦慮而行動」。

無論A社長看起來多麼體面，如果心裡這樣想，這種想法就會成為A社長的「隱形招牌」。

另一方面，B社長對員工的立場則是：

**「我想創造這樣一個有趣的世界。因此，是否可以請大家一起努力？」**

B社長的心裡如果這樣想，這樣的想法就會成為B社長的「招牌」。

那麼，如果是你，會想在A社長還是B社長底下工作呢？

人們會無意識地對一個人背上的「招牌」做出反應。對於A社長，你應該會認為：「這個人畢竟只考慮到自己，到底是為什麼要為這樣的人工作！」

另一方面，對於B社長，你應該會這樣想：

「這個人會像這樣讓世界發展得更加有趣。無論如何自己都想在這個人底下工作！」

實際上，不僅限於人類，**金錢、資訊和現實**都會對自私自利的人，做出「為什麼我要為這樣的人拚命？」的反應。富足當然不容易聚集到這樣的人身邊。

## 三個人的故事「栽培植物是我的工作」

那麼，在什麼狀態下，富足最容易聚集而來？舉例來說，假設有A、B、C三人，他們都從事植物栽培的工作。你分別詢問他們：「你為什麼會從事栽培植物的工作？」

A回答：「這是為了我的生活。」

A的回答完全是為了自己而已。

B回答：「我喜歡樹木和花朵，所以我想從事相關的工作。」

B回答的內容雖然有點不同，但是最終還是為了自己著想。而C的回答是：「我喜歡花草樹木，原本就想從事這份工作。但若是把自己栽培的樹木和花朵種植在公園和城市裡，這樣一來我就能治癒和激勵那些看到這些花草的人。因此，我從事栽培樹木和花草的工作。」

那麼，金錢、人員和資訊會想聚集到A、B和C中哪一個人身邊呢？當然會是C。因為這些事物對C「想要治癒和激勵他人」的背景反應最為強烈。

## 只要找到「明確的目標」即可

愛、幸福和財富為什麼要選擇自己？

我再說一次，這當中需要一個強而有力的理由。是否能成功並不重要。請自行決定「為了做到這一點，我需要資訊、愛、幸福、金錢、經驗和物質條件」。

這個世界有一項機制，意志堅強的人和具有強烈企圖的人終將獲得勝利。

「我會這樣做，完畢。」然後完全不再動搖。

「這個人非常頑固，沒辦法了，讓現實去配合他吧！」只要自己不再動搖，現實就會配合自己。

**是要被環境左右，還是要由自己改變環境？**這當中有很大的不同。因此，我們須要弄清楚「自己是為此而做」的目的，而不是自己是否能成功。

# 為世界帶來新價值

樂天製菓企業以口香糖產品成為大眾熟悉的品牌。

在生產新產品時，根據過去的標準，口香糖的研發重點都僅限於「味道的好壞」，而樂天的負責人提出了新的標準：

「新時代的口香糖將著重於對牙齒是否有益！」

這項提案，最初遇到了強烈的反彈：

「不管怎麼說，口香糖畢竟是甜食，所以不一定要對牙齒有益吧！」

然而，開發人員卻以新的標準做出了商品。

接著，發生了什麼事呢？木醣醇口香糖在市場上一躍而起成為主力產品。

現今，口香糖是否對牙齒有益、是否能讓口氣變得清新成為了新的標準。

樂天的負責人提出了前所未有的新標準，帶來了全新的文化和事業。

## 具備「我想這樣做！」想法的人非常強大

飲料製造商麒麟飲料公司旗下擁有碳酸飲料品牌「KIRIN Mets」。某次，有些員工認為或許可以由「KIRIN Mets」推出可樂系列產品，而且對身體有益的可樂在市場上應該具有潛在需求，因此提出了特定保健食品（特保）可樂的企劃。

根據日本的《健康促進法》規定，特定保健食品必須接受消費者事務處的審查以獲得許可，相當耗費時間和精力，因此受到公司內部強烈的反對。

「可樂要怎麼講究健康？可樂是甜的飲料，完全與健康意識背道而馳！」

但企劃負責人卻認為：「我還是想試試看。可樂講究健康有什麼不好？」

後來，當「KIRIN Mets」的可樂上市，立即獲得了巨大的好評。

在此之前，可樂的標準充其量就只有「美味與否」和「是否具刺激性」。

然而，「KIRIN Mets」可樂的出現創造了新的標準，即使是可樂「也能對身體有益」。之後，強調特定保健食品和機能性食品的可樂出現在市場上就逐漸變得理所當然了。

## 「如果成功了不是很有趣嗎？」的原動力

在此介紹一下我自己的例子。到目前為止，人們普遍都認為：「疾病只能透過西醫治癒。」然而，我提出了一個新的標準：「疾病可以透過改變大腦的運作方式來改善。」

當然，在我進行研究時，受到大家強烈地反對，常常被說：「連醫師都無法治療的疾病，絕不可能透過這種方法改善！」

但是，正如我先前所提及，我對於「成功於否」並不感興趣。第五章中也提過，我所採用的「後設潛意識」是「自己究竟想不想做？」

因此，僅只是這種想法，就能讓我持續嘗試「透過語言改善疾病」的研究。

「因為自己想做所以做。」

「如果成功了不是很有趣嗎？」

當我因為這樣的想法繼續嘗試，我的客戶至今已有幾百人真的痊癒了。我的拙著《活出真正的自己，就不再生病》（方智）中，詳細描述了這個現象。

若是以我的專長後設潛意識簡單做說明，就是當以後設潛意識中所謂的「物質型」看待事物，前提就會變成「一切都是物質」。

舉例來說，當談到「壓力累積」，人就會開始意識到壓力這種無形的東西，彷彿它們本身就具有形狀。因此，想法就會變成：「疾病是一種物質現象，只能透過藥物和手術治療。」

相反地，當以「語言型」看待事物，前提就會變成是「一切都只是語言資訊」，認為「疾病是某種資訊」，所以前提會變成：「只要管理資訊，或許就能管理健康狀態。」

一旦以「語言型」的後設潛意識看待疾病，**就能從不同於以往的角度看待「疾病」**。

如此一來，就可以改變大腦的運作方式。

一旦改變世界觀，或是看待事物的角度和觀點，大腦運作的位置就會改變，向身體發出的訊號就會發生變化，被喚醒的言行也會無意識地改變。因此，最終現實就會發生變化。

從前有句話說：「改變行為就會改變環境，改變環境就會改變命運。」事實確實如此。這個道理非常淺顯易懂。

只要以「語言型」看待事物，就能利用語言和心理技能改變「大腦的運作方式」。如此一來，客戶的身心狀態都能獲得改善。我提出了這樣的想法。目前，這個想法也開始受到各家醫院的採用。

本章中介紹了三個為世界帶來新價值的例子。

這些案例並沒有什麼特別之處，正在閱讀本書的各位也做得到。而這就是人生要你完成的任務。

# 一旦消除「應該這樣」的框架，夢想就會加速現實化

大約從十年前開始，我逐漸從為企業培訓，轉向為公眾舉辦研習會。當時因為社群軟體開始普及，我也使用 Facebook 活動頁面來吸引客戶。然而，一開始我遇到了重重難關。即使舉辦了公眾研習會，參加者一直僅限於朋友和熟人，且最多也只有八人。

我想要召集更多人來舉辦一場熱鬧的研習會，因此投入了大量的精力，想出了比以往更加有趣的企劃。接著，我試著建立 Facebook 活動頁面，藉此招募參加者，但最終還是只來了八個人。

「我想出了這麼厲害的企劃，為什麼卻沒有人來參加！」我開始愈來愈沮喪。然後我突然想到：「等一下，我為什麼會感到沮喪？」

## 一旦捨棄「應該〇〇」的標準，會發生什麼事情？

人類本身具有「應該這樣」「不應該這樣」的標準。一旦發生違背自我基準的事情，內心就會出現負面情緒。

舉例來說，我們認為大家在搭乘電車時會排隊等候。然而，如果一遇到有人插隊，我們就會生氣吧！這件事中存有「要排隊等候電車，不應該插隊」的標準。因為有人違反這項標準，所以內心出現了負面情緒。

但是，**如果沒有這項標準，就不會出現負面情緒**。

如果一開始沒有「大家應該排隊等候，不應該插隊」的標準，那麼即使被插隊也不會有任何想法。

我認為：「自己努力想出了非常有趣的企劃，所以大家應該會參加」。因為違背了我內心「應該會參加」的標準，所以我感到十分沮喪。接著我想到：**「應該要有更多人參加」的標準，對自己來說真的有必要嗎？**

因此我思考著，如果試著消除這項標準會怎麼樣呢？

說實話，起初我很害怕、不安。因為擔心如果消除「大家應該會參加」的標準，那麼好不容易報名的八名成員是否也會取消登記？

然而，在這種情況下我卻想到，即使八名成員都取消也沒關係。

我反而對於「如果消除自己內心的這種標準，現實會變成什麼樣子？」的結果更感興趣。

因此，我試著低聲對自己說：

「我使用的標準是『我的研習會應該會有更多人參加』。我對自己使用了這項標準負起責任，我原諒自己使用了這項標準，完畢。」

順帶一提，這是我自己經常會執行的一項作業。透過實際說出「完畢」這句話，下意識地宣告：「這個舊的信念已經是過去式，自己將不再使用」，並讓它成為過去。過去的自己被錯誤的自我形象和信念所束縛，而這個方式能把現在的自己和過去的自己切割開來。

現在，在消除自己內心的舊有標準後，我重新設定了新的標準。

「從現在開始，我的研習會只有想參加的人才會參加。」

換句話說，**我把自己的後設潛意識改變成，希望大家是自由參加的「欲望」，而不是「大家都應該參加」的「義務」**。

第二早上醒來，我帶著昏沉沉的腦袋確認了我的 Facebook 活動頁面。我期盼著或許會增加一名左右的參加者吧！

然後，活動參加者竟然從前一天晚上的「八人」，變成了「二十三人」。在那之後，參加者的人數仍不斷增加。

這是在大約十年前，當時我為公眾所舉辦的研討會中人數最多的一次，總共吸引了二十五名參加者，我成功舉辦了一場研習會。

## 這種想法阻止了現實化

這次的經驗讓我意識到一件事。我的「應該這樣」和「不應該這樣」的標準，最終是否阻止了現實？或是在這種情況下，阻止了客戶上門。

換句話說，事情是這樣的：在客戶應該參加的標準背後，有一層「大家是否會參加？」的擔憂和前提。

正如我在第五章所提及，這就是所謂的「真心話」。因為不安才會出現「應該參加」的想法，「真心話」最終變成了現實。

最後，當我意識到是我自己阻止了客戶上門，就發自內心大笑了出來。

從那之後，**每當無法順利吸引客戶，我就會開始確認自己的後設潛意識**。確認後，如果發現自己帶有「應該這樣」的前提，就會利用第二二七頁的方法重新設定，並讓新的標準滲入到自己的潛意識中。透過重複上述操作，讓研習會的參加者逐漸增加。

或許有人知道，我的研習會和諮商價格不算便宜。但是值得慶幸的是，只要一開放報名，就會立刻吸引到很多人。現在的這種狀態正是由我自己所創造的。

## 重點在於「不要在目的設定中出錯」

自己的心中一旦有「應該這樣」和「不應該這樣」的標準，這些標準就會犯下各種失誤。

所以，**當你總覺得事情發展不太順利，請試著釐清存在於自己心中的標準**。

然後詢問自己：「因為什麼目的而需要它？」

**重點在於不要在目的設定中出錯。**

「想為毫無用處的自己做些什麼」「想要爭口氣，讓那些瞧不起自己的人看看」「不要做出違背常識的行為」，以及「不想被別人討厭」……這些事情並不重要。

我這樣做是為了這個欲望、這個目的。我這樣做是因為自己想做。
只須要由自己決定並靠自己實現，從此就能展開正循環。

## 擴大「自己的容器」讓富裕不斷湧入

上一節中「應該這樣」的標準，是大腦中最無用處的設定。釐清這項標準的捷徑，就是從「喜歡」和「討厭」的簡單情緒中探索。接下來我將介紹這項作業。

首先，我們回顧一下自己目前負責的工作內容，並根據「喜歡」和「討厭」的標準進行分類。舉例來說，在一份行政工作中包含了處理電子郵件、與客戶洽談、調整進度和計畫等各種事項。請試著把這些事務分成「自己喜歡做的事，和自己討厭做的事」。

接下來，讓我們根據「喜歡」和「討厭」的標準來區分自己周圍的人。除此之外，請把目前面臨的問題和煩惱，或是正在做的任何事情都分成「喜歡」和「討厭」兩種類型。

把「喜歡和討厭」的事情進行一定程度的分類後，請這樣詢問自己：

**「這種喜歡和討厭的前提是什麼，它們有什麼共同點？」**

已經讀到這裡的讀者，應該可以掌握一種感覺，並且能在「某種信念被投射到現實中」的前提下看待事物。

因此，在區分「喜歡和討厭」的同時，很容易找出「自己心中這種喜歡和討厭的共同點是什麼」。

進行這項作業時，一些錯綜複雜的情緒會從自己的潛意識中顯現出來。至今一直被壓抑的負面情緒和記憶，應該都再度浮現了。

## 從「喜歡和討厭」中探索毫無用處的腦內設定

我自己經常執行這項作業，並確認自己的潛意識。大約在十年前，我在進行這項作業時，發生了一件事。

當時，我按照「喜歡」和「討厭」來分類自己周圍的一切人、事、物，但突然意識到：「我一直想知道為什麼我會討厭這些人、事、物？或許是因為自己害怕『被人輕視』吧！」

「自己是否有著極為害怕被輕視的自卑感？……這或許代表我認為自己是非常愚蠢的，不是嗎？」

換句話說，「我喜歡的人和工作類型並不會曝露出自己的愚蠢，但是我所討厭的人和工作類型則會暴露出自己的無能」。

「因此我會遠離這樣的人和工作。」

……我意識到了自己內心這種想法。

對我來說，這太令人震驚了。因此，**我想調查清楚自己為什麼會創造出「我是個笨蛋」的信念**。我問自己什麼樣的記憶和「我是個笨蛋」的信念有關，並探索了自己的內心世界。

於是，我突然想起自己四歲時發生的「烏龍麵事件」。

我有一個妹妹。小時候，我們就讀同一所幼稚園。某個星期六的中午，當我們坐公車回到家，媽媽問了我們：「午餐想吃什麼？」我沒有意見，但妹妹立刻回答：「我想吃烏龍麵。」

因為我是哥哥，所以媽媽請我幫忙去買回來。我握著兩枚一百日圓的硬幣，充滿幹勁地前往家附近的商店街買烏龍麵。

接著，還是孩子的我這樣想：

「如果我用買烏龍麵剩下的零錢去買一些配菜，應該會讓媽媽和妹妹非常開心吧？」

因此，我在商店街四處閒逛想要買配菜。但是，我當時只有四歲，所以不知道該買什麼。就在我猶豫著無法做出選擇時，不知不覺間似乎經過了很長一段時間。

「媽媽在找你呢！」妹妹跑來商店街叫我。最後，我只買了烏龍麵就回家了。媽媽一邊等著我，同時擔心著我還沒回家。她壓根不知道我的情況和想法。

「都這麼晚了，你到底在做什麼！」

我一到家，就在玄關被媽媽賞了一巴掌，而且媽媽還說：「讓人這麼擔心！今天你不准吃午餐！」

我以為只要我買了配菜，媽媽和妹妹就會非常高興，結果卻是……媽媽和妹妹在吃烏龍麵，而我則在一旁罰跪。

因此，我幼小的心靈深切地認為：「我是多麼愚蠢啊！」

同時，另一個想法也在此時萌芽。那就是：「一旦想要取悅女性，就會遭受背叛。」的信念。因為母親和妹妹都是女性，所以這次的經歷也在我的心中留下了「女性很可怕」的結論。

因此，即使我已經完全忘掉「烏龍麵事件」，但這兩個信念仍堅定地留在我心中。

順帶一提，信念會隨著時間流逝而膨脹。

「女性很可怕」沒多久就變成了「女性是敵人」，並在不知不覺中膨脹成「女性是競爭對手」。我長大後在異性關係中，也只和做為競爭對手的強勢女性交往。

「四歲時我就決定了『我是個笨蛋』，而這也影響了自己長大後的行為。」

對此，我驚訝不已，同時也清楚知道：「被掩埋的情緒永遠都不會死去。」

## 一次清空「自己的容器」，並注入新的價值

我的標準（腦內設定）非但毫無用處，還成為了自己的絆腳石。我意識到它的存在，並低聲對自己說：

「過去我一直使用我是個笨蛋的信念。我承認自己使用過我是個笨蛋的信念。我原諒自己使用過我是個笨蛋的信念，完畢。」

像這樣，**我親手結束了「毫無用處的腦內設定」**。

**這是為了「清空自己的容器」**。

透過這一連串的作業，我是個笨蛋的信念被一次清空了。

正如第一一五頁所述，自然討厭真空。所以，我們必須立即把「新的東西」放進清空的容器裡。因此，我會這樣說：**「從現在開始我是個笨〇蛋。」**

各位可能會認為：「這不是和之前一樣嗎？」但是，我想改變笨蛋的定義。

試著把「笨蛋沒有什麼不好，因為自己是個笨蛋所以會順利」作為前提。我想親自試看看這麼做會發生什麼事情。

這個時候，有兩個可以讓我使用的範本，那就是史帝夫賈伯斯和坂本龍馬。

很久以前，史帝夫賈伯斯在蘋果電腦的廣告中說了這樣一段話：

「只有真正相信自己可以改變世界的人，才能真的改變世界」。

日本還在鎖國時，坂本龍馬說：「我想去美國！」「要讓諸藩結盟從事貿易！」結果在當時被視為怪人。

然而事實上，正是他們這種破天荒的想法改變了世界。**我也想要成為像兩位偉人一樣的「荒謬大笨蛋」**。

## 自己如果接受對方，對方會怎麼樣

做出這樣的決定後，發生了什麼事情呢？首先，兩週後在我進到當時任職的公司時，一位女職員帶了一份企劃書給我並對我說：

「梯谷先生，你對這份企劃書有什麼看法？」

「這很有趣，開始進行吧！」

「……欸？」

**我的反應似乎十分出人意料。我面前的女性突然著急了起來。**

「怎麼了？這個企劃很好，開始進行吧！」

「沒有，不是這樣……你總是對我的企劃有所不滿吧？你今天怎麼了？」

「我有不滿嗎？對不起，我沒有注意到。」

於是我想起了更多事情。

當我被囚禁在信念當中，女性對我來說就是「競爭對手」，所以在我周遭自然而然地聚集了強勢的女性。然後，因為我讓那樣的信念成為現實，所以女性們以「競爭的目的」特地向我提出企劃。

然而，**那時我拋棄了過去的信念，開始接受女性，所以我的反應和從前大相逕庭**。這就是為什麼作為對手的女性會如此驚訝不已。

「我認為這個企劃非常好。進行下去吧！」當我開始像這樣接受女性的企劃，其他女性職員也開始積極提出企劃。在那些企畫中，有許多前所未有的有趣想法。於是，我們公司開始執行一個又一個有趣的企劃，公司的銷售額也因而開始急遽成長。

就這樣，我再次意識到**「是我妨礙了這家公司的銷售額成長」**。

我意識到自己是個笨蛋以及與女性為敵的信念，阻礙了公司的銷售額成長，也妨礙了我自己的事業。

這段故事還有後續。在消除信念大約兩週後，我收到了一位陌生人的提議：「您的心理技巧十分出色。我們想獨家銷售這項專業技巧。」

「您是怎麼知道我的？」

「我們瀏覽了 Facebook，您的網頁吸引了我們的目光。我們對於您在研習會上提出的這項專業技巧特別感興趣，所以聯繫了您。無論如何，希望您能讓我們獨家銷售這項專業技巧。」

「獨家銷售的費用是多少呢？」

「我們每年會支付三千萬日圓的專利使用費。」

說實話我非常高興，因為這是我第一次收到這樣的提議。然而，當時我對於初次有這樣的機會感到猶豫並存有戒心，所以便以「費用太低」拒絕了。**但是，即使我拒絕了第一個人，同樣的提議卻接二連三如雪片般飛來。**

## 承認「過去的自己」並給予贊同

因此，我又再次意識到一件事，無論是金錢、資訊、機會、愛情……自己想要的東西和需要的東西，其實都會像大雨一樣傾盆而下。但是，自己的容器多大，就只能有多少接收量。

因此，**一旦逐漸擴大自己的容器，收到的提議就會隨著容器擴大而增加**。

就我而言，「我是個笨蛋，而且這很糟糕」的解釋，成為我自己最大的限制。

但是，我承認「我當時需要它」並誠心接受。然後在自己身上找出原因：「這不是一件壞事。如果有什麼不好，那就是我曾經執著於自己的信念。」

因此，「過去的自己」的小容器被打破了，並再生為一個新的容器。新容器的尺寸足以接收額外的訊息和機會。

因此，**現實中的動向便逐漸發生了變化**。

而發生變化的契機就是開頭提到的方法。從「喜歡和討厭」中找出其背後的腦內設定。任何進行這項作業的人都會感到驚訝：「哦，我的天啊！真不敢相信自己的內心有這樣的信念。」

我們或多或少都掩埋了一些負面記憶和情緒，所以一定會出現一些錯綜複雜的東西，讓潛意識的自己感到驚訝。這既不是一件壞事，也不須要感到羞愧。

**唯一要做的事情就是意識到這一點，並接受它。**即使只是這樣，現實的動向也會瞬間改變。

你的腦中應該也有一個不再是絆腳石的舊設定。

現在，捨棄毫無用處的信念，回到真實的自我吧！請想起「自己的生活目的」。

書中介紹了許多想法和具體做法，誠摯地希望各位能利用它，自由自在地活出自我本色。

# 終章

## ——為你的生活方式創造奇蹟的一本書

感謝各位閱讀本書。

最後，我想問各位一個問題。

**「如果你失去了所有的金錢和資產，變得一無所有。從今以後，你打算依靠什麼為生？」**

正如我寫在本書中的內容，要創造自己，最重要的就是你抱持著什麼「問題」。二〇二〇年是全世界受到新冠肺炎疫情影響的一年。

「世界現在需要什麼？」我試著在睡眠中詢問自己的潛意識。某天早上，我醒來時，腦中突然浮現這樣的想法。

「我們需要一個新的生活方式提議，以適應新時代。」

具體來說這到底是什麼意思？為了找出答案，當天晚上我又在睡眠中詢問自己的潛意識。

「現在開始我們需要一種新的生活方式。具體來說究竟是什麼樣的生活方式呢？」

那天晚上我做了一個可怕的夢。在夢裡，我為了移居海外帶了一個手提箱上飛機。我在手提箱裡放入了自己所有的財產，這樣一來，去到國外就沒問題了。但當抵達目的地，我發現最重要的行李箱不見了。身在國外機場的我感到驚慌失措。

「在一個人生地不熟的地方，今後該怎麼生活？」

總之，那是一個令人焦慮和不知所措的夢。當我的腦海仍一片混亂，我突然醒了過來。「哦！原來只是一場夢……」我鬆了一口氣。那場惡夢讓人有一種身歷其境的感覺。

是一場非常可怕的夢……我一邊這樣想，並開始再次提問：「我為什麼會做這樣的夢？」就在幾分鐘後，難題瞬間迎刃而解了。

一開始我在睡著的時候，問了這樣的問題：

「現在開始我們需要一種新的生活方式。具體來說究竟是什麼樣的生活方式呢？」

那天所做的惡夢，是潛意識對我的提問所做出的回答。

「在一個人生地不熟的地方和身無分文的狀態下，如果是你會怎麼做、該如何生活？」

我意識到自己正受到這樣的質問。而意識到這一點的瞬間，我真正想知道的「適應新時代的新生活方式」的構想，在腦中一個接著一個湧現。這些構想在我撰寫本書時也非常受用。

換句話說，**即使沒有人告訴我答案，在我心裡也有答案**。自己只是需要一個「問題」來解決這個難題。

## 如何面對和克服人生中必定存在的「考驗」？

人生中一定會發生讓人不由得停下腳步的事故和事件，並迫使自己思考「究竟該如何解決？」

當然，這些事故和事件之所以會發生，正是因為對當事者來說有其必要性。而你人生中發生的現實，是哪種難題的一部分呢？

美國第二十八任總統伍德羅・威爾遜（Thomas Woodrow Wilson）說：「命運中沒有偶然。人是在遇到某個命運之前，就已經自己創造出了命運。」

正如這句話所說，**我認為命運是在自己預先決定後誕生**。然而，人類有時會忘記這件非常重要的事。

一邊生活，同時想著「世事總是事與願違」是一種自由；認為「命運本來就是由自己創造」獨立自主地生活，也是一種自由。**你可以選擇任何一條路徑。**

英國詩人威廉・布萊克（William Blake）有一句名言：

「如果太陽和月亮懷疑自己，在其瞬間將會失去光芒。」

如果你懷疑自己和自己的人生，那麼你將在那一瞬間失去光芒！

人生只有一次，在解決「人生難題」的同時，一邊找出「真實自我」的模樣和輪廓、一邊與人生共舞、一邊品嘗人生的醍醐味，一邊努力地生活吧！

這本書是帶著這樣的期望為你而寫。

希望能對你「充滿喜樂的人生」有所幫助。

願你破繭成蝶，自由飛舞。

梯谷幸司

## 謝詞

感謝約七萬名研習及企劃的參加者，以及各位來談者，提供了上述「人生難題」的解決方法，以及各種見解和看法。

感謝各位日本國內外的醫療人員，在新冠肺炎疫情期間提供各種資訊。也感謝所有願意配合採訪進行研究的人員。感謝一直支持我的妻子梯谷禮奈，以及協助我收集各種資訊的助理們。

我還要感謝大和書房的荻田真理子先生給我機會，讓我能像這樣整理出「解決人生難題的方法」，並傳達給世界。感謝撰稿人水原裕敦子先生精準地表達我的想法。感謝設計師根本佐知子先生設計出引人注目的插圖。

如果對我的心理技巧感興趣，請一定要造訪我的 YouTube 頻道「梯谷幸司」，以及トランスフォームマネジメント（TRANSFORM MANAGEMENT）公司官網。此外，在我的各種研習課程中，可以體驗到各種訓練活動，有機會請各位一定要親自前來感受。

Note

國家圖書館出版品預行編目資料

改變現實的潛意識法則：用負面情緒改變自我,實現理想生活/梯谷幸司作；張維芬譯. -- 初版. -- 新北市：世茂出版有限公司, 2022.10
面； 公分. -- (新時代；A28)

ISBN 978-626-7172-04-9 (平裝)

1.CST: 潛意識 2.CST: 潛能開發

176.9 111012388

新時代 A28

# 改變現實的潛意識法則：用負面情緒改變自我，實現理想生活

作　　者／梯谷幸司
譯　　者／張維芬
插　　畫／つまようじ(京田クリエーション)
主　　編／楊鈺儀
責任編輯／陳怡君
封面設計／林芷伊
出 版 者／世茂出版有限公司
地　　址／(231)新北市新店區民生路19號5樓
電　　話／(02)2218-3277
傳　　真／(02)2218-3239（訂書專線）
單次郵購總金額未滿500元（含），請加80元掛號費
劃撥帳號／19911841
戶　　名／世茂出版有限公司
世茂網站／www.coolbooks.com.tw
排版製版／辰皓國際出版製作有限公司
印　　刷／傳興彩色印刷有限公司
初版一刷／2022年10月

ＩＳＢＮ／978-626-7172-04-9
定　　價／380元